NEUVERMESSUNGEN

SIGMAR GABRIEL

NEUVERMESSUNGEN

Was da alles auf uns zukommt und worauf es jetzt ankommt

Kiepenheuer & Witsch

Verlag Kiepenheuer & Witsch, FSC® N001512

1. Auflage 2017

Umschlaggestaltung: Rudolf Linn, Köln
Autorenfoto: © Maurice Weiss/OSTKREUZ
Gesetzt aus der Minion und der DIN Engschrift
Satz: Buch-Werkstatt GmbH, Bad Aibling
Druck und Bindung: CPI books GmbH, Leck
ISBN 978-3-462-05097-4

INHALT

DIE NEUVERMESSUNG DER WELT

2005 erschien das Buch »Die Vermessung der Welt« von Daniel Kehlmann. Es beschreibt die beiden Jahrhundertgestalten Alexander von Humboldt und Carl Friedrich Gauß, den Naturforscher und den Mathematiker, wie sie das Wissen ihrer Zeit vorantreiben. Europäische Aufklärung, Ordnung und Weltbeherrschung gingen an der Schwelle vom 18. zum 19. Jahrhundert Hand in Hand.

Rund 200 Jahre später sind wir Zeitzeugen einer Neuvermessung der Welt. »Die Welt sucht nach neuer Ordnung« – auf diese Formel brachte es Frank-Walter Steinmeier, als er vor zehn Jahren von einer Neuvermessung der internationalen Politik sprach. In der Tat: überall Unordnung und Unsicherheit, technischer Fortschritt und soziale Brüche, rasante Internationalisierung und gleichzeitig verbitterte Renationalisierung. Mit diesen Widersprüchen tritt uns die Welt des 21. Jahrhunderts entgegen.

Europa hat an globaler politisch-ökonomischer Dominanz verloren. Die Anteile an der Weltbevölkerung verschieben sich. Hatte die Europäische Union in ihrer heutigen Ausdehnung im Jahr 1993 noch 481

Millionen Einwohner und repräsentierte damit 9 Prozent der Weltbevölkerung, so entsprechen die heutigen 505 Millionen Bürgerinnen und Bürger Europas nur noch 7 Prozent der Weltbevölkerung. Wenn unsere heute geborenen Kinder 30 Jahre alt sind, wird der Anteil Europas an der Weltbevölkerung des Jahres 2050 nur noch 5 Prozent betragen. Der Anteil Chinas beträgt heute 20 Prozent, der von Indien 18 Prozent und der Lateinamerikas 9 Prozent. Auch die wirtschaftlichen Gewichte verschieben sich: Der EU-Anteil an der weltweiten Wirtschaftsleistung betrug 1993 noch mehr als 30 Prozent, heute sind es nur noch 22 Prozent, während der EU-Anteil an den Weltsozialausgaben bei fast 40 Prozent liegt. Der Anteil Chinas am globalen BIP stieg im selben Zeitraum von 2,4 auf mehr als 15 Prozent. Das zeigt einen rasanten Aufstieg. Und auch Indiens Anteil an der Weltwirtschaftsleistung stieg von einem auf jetzt 3 Prozent.

Natürlich wollen die wachsenden Regionen nicht weiterhin nur Marktplatz für den Verkauf westlicher Güter und Dienstleistungen sein. Wer bislang Entwicklungs- und Schwellenland war, will selbst zum Produzenten und Technologieexporteur werden. Auch werden Weltregionen, die eine globale Bevölkerungsmehrheit vertreten, nicht mehr hinnehmen, dass eine Minderheit in den hoch entwickelten Ländern den Großteil knapper natürlicher Ressourcen für sich beansprucht. Diese Ziele sind rational und vernünftig. Denn nachdem sich die Nationen Asiens, Afrikas oder Lateinamerikas im letzten Jahrhundert von den westlich-atlantischen Kolonialmächten in zum Teil blutigen Kämpfen befreit haben, wollen sie sich auch aus Armut und ökonomischer Abhängigkeit befreien. Niemand wird sie daran hindern können.

Diese »neue ökonomische Welt« geht seit einigen Jahren mit einem Erlahmen des globalen Handels einher. Lange wuchs der Welthandel weit stärker als die Weltwirtschaft: nach 1990, mit dem Fall des Eisernen Vorhangs, in fast allen Jahren mehr als doppelt so stark, mit Wachstumsraten von bis zu 10 Prozent und mehr. Seit 2012 ist das aber kaum noch der Fall. Globales Wirtschaftswachstum und Zunahme des globalen Handels liegen zwischen 2,5 und 3,5 Prozent und somit nahezu gleichauf. Zu den Ursachen gehören sicher die Rezession und Wachstumsschwäche Europas nach der Finanzmarktkrise, denn der Handel der EU-Staaten untereinander geht in die Statistik mit ein. Aber auch ein Trend zum Marktverschluss ist zu nennen: Politische Krisen in Europas Nachbarschaft oder auch in Ostasien wirken sich negativ aus. Protektionistische Maßnahmen haben wieder zugenommen, durch die die Länder sich gegen globale Konkurrenz abschirmen, internationale Investoren diskriminieren oder binnenwirtschaftliche Alternativen fördern. Sowohl die USA als auch China haben ihre Rohstoffimporte gesenkt. Und China bezieht mehr Vorleistungen für das produzierende Gewerbe aus dem eigenen Land. Dieser Trend kann für Deutschland als Exportnation erhebliche Konsequenzen haben, wenn wachsende und bevölkerungsdynamische Länder Importe durch Eigenproduktion ersetzen und zugleich Exporte, auch Hochtechnologieexporte, steigern. Es ist schließlich kein Naturgesetz, dass Deutschland und Europa auf immer automatisch zu den größten Gewinnern der Globalisierung gehören.

Folgenschwer wäre dieser Trend für uns, weil er die oft unausgesprochene und wenig bedachte *Bedingung* unseres Wohlstandsmodells betrifft: Deutschland erwirtschaftet aus Exportüberschüssen mit nahezu allen Teilen der Welt einen erheblichen Teil seiner Sozialausgaben. Was geschehen wird, wenn wir an wirtschaftlicher Stärke verlieren, ist leicht auszumalen: neue Verteilungskämpfe. Meine Erfahrung ist, dass dabei immer die sozial Schwächeren verlieren.

Die globalen Gewichte zwischen dem Westen und den aufstrebenden Mächten verschieben sich nicht zuletzt politisch. Europa, aber auch die USA verlieren an Einfluss. Mehr noch, die Bündnisse des Westens selbst stehen vor einer Bewährungs-, vielleicht einer Zerreißprobe. Schier endlose Krisen, Kriege und Bürgerkriege im Nahen und Mittleren Osten ebenso wie in Südost- und Osteuropa, dramatische Flüchtlingsbewegungen, wie wir sie seit dem Zweiten

Weltkrieg nicht mehr gesehen haben, wachsende Gegensätze in Europa und der nicht mehr undenkbare politische Zerfall der Europäischen Union – all dies stellt die nach 1945 und 1989 gewachsene Sicherheitsordnung infrage. Selbst innerhalb der Europäischen Union gibt es heute Länder, die Rechtsstaatlichkeit und Medienfreiheit einschränken. Das Verhältnis zwischen dem Westen und Russland fällt in alte und neue Muster der Konfrontation und Abgrenzung zurück. Auch die Türkei wendet sich von Westeuropa ab, und auch sie entwickelt zunehmend autoritäre Machtstrukturen, die in ein Spannungsverhältnis mit den Werten der NATO gerät, der sie selbst angehört. Und die NATO muss sich immer wieder fragen, wie eine zukunftsfähige Strategie für das Bündnis aussehen kann. Können wir weiter bedenkenlos wie an andere NATO-Partner Rüstungsgüter in die Türkei liefern, wenn diese zur inneren Unterdrückung gebraucht werden?

Aber eine zukunftsfähige Strategie für das Bündnis ist noch nicht gefunden. Die Atommacht China wiederum – wirtschaftlich modern, politisch keine Demokratie – tritt mit einem globalen Machtanspruch auf, der sich in Aufrüstung und in Grenzkonflikten mit den Nachbarn genauso offenbart wie in staatlich gesteuerten Übernahmen westlicher Hightech-Unternehmen, um in Besitz und Kontrolle strategisch relevanter Hochtechnologie zu kommen.

Eine politische Vormachtstellung des Westens jedenfalls wird bei den teils selbstbewussten, teils schon aggressiven Aufsteigern immer mehr als Anmaßung wahrgenommen. Hinter »westlichen Werten« vermutet man, und das nicht immer zu Unrecht, doppelte Standards und verborgene Wirtschaftsinteressen. Immerhin haben sich die internationalen Foren zur Gestaltung der Globalisierung verändert. Die 1975 etablierten Treffen der G7 waren – mit Ausnahme Japans – mit den USA, Deutschland, Frankreich, Großbritannien, Italien und Kanada noch ein Klub des Westens. Die Aufnahme Russlands 1998 wurde infolge des Ukraine-Konflikts und der russischen Annexion der Krim 2014 suspendiert. Jedoch ist die 1999 vollzogene Gründung der G20, der 20 wichtigsten Industrie- und Schwellenländer, zu denen auch China, Indien, Indonesien, Saudi-Arabien, Südafrika, Brasilien und Mexiko gehören, eine notwendige Konsequenz aus der Neuvermessung der Welt. Auch wenn in diesem großen Forum die Wertvorstellungen heterogener und die Interessen konfliktreicher sind und auch wenn der Konsens schwieriger zu erreichen ist, spiegelt es die neuen wirtschaftlichen und politischen Realitäten der Globalisierung. Wir können dahinter nicht zurück, und wir sollten es auch nicht wollen, denn die Bemühungen um eine neue und gerechtere Ordnung der Welt haben nur dann Aussicht auf Erfolg und Verbindlichkeit, wenn dort, wo entschieden wird, alle Weltregionen auf Augenhöhe am Tisch sitzen. Auch deshalb setzt sich Deutschland gemeinsam mit einer Gruppe von Staaten für eine Reform des Sicherheitsrats der Vereinten Nationen ein.

Trotzdem steht die Frage im Raum, welche Stimme und welche Solidarität untereinander die rechtsstaatlich verfassten Demokratien in einer neu vermessenen Welt haben sollten. Der Begriff des »Westens« ist ja primär keine geografische Angabe, sondern eine ideelle. Er steht, wenn man allen kulturellen Chauvinismus und die kolonialistische Vergangenheit abzieht, auch und gerade für die universell gültigen Menschenrechte. Dieser Kompass wird als leitende Idee für die Zukunft noch wichtiger, wenn alte Machtgefüge wanken und überkommene internationale Systeme verblassen.

Den Mittelpunkt dieser Werte- und Demokratiegemeinschaft des Westens bilden seit dem Ende des Zweiten Weltkrieges die transatlantischen Beziehungen. Der politische Vorrang dieser Wertegemeinschaft steht jedoch nicht erst seit der Wahl Donald Trumps zur Disposition. Sicherlich hat der letzte Präsidentschaftswahlkampf mit präzedenzlos fremdenfeindlichen und nationalistischen Parolen zur Entfremdung zwischen den USA und Europa beigetragen. Doch auch unter dem bei uns mit weitem Abstand populärsten US-Präsidenten Barack Obama hat es zunächst eine Entfremdung zwischen den USA und Europa gegeben.

Mit seiner Rede vom »pivot to asia« hatte US-Präsident Obama die Blickrichtung der USA geändert: Amerika sei eine »pazifische Nation«, so Obama. Diese Rede war so bedeutend wie weiland Kennedys Satz »Ich bin ein Berliner«, dessen Freiheits- und Demokratiepathos die ganze Bedeutung der transatlantischen Verbundenheit enthielt. Die USA des 21. Jahrhunderts, das war die Botschaft, hören auf, eine exklusiv transatlantische Nation zu sein. Nicht nur die ökonomischen Interessen der USA in Asien sind dabei treibend, sondern auch die Bevölkerungsentwicklung. Heute haben noch etwas mehr als 60 Prozent der US-Bürger europäische Vorfahren. In 30 Jahren werden sie in der Minderheit sein gegenüber Amerikanern mit afrikanischen, asiatischen oder lateinamerikanischen Wurzeln. Auch das verändert die politische Orientierung. Großbritannien übrigens wird in diesem Prozess wohl lernen müssen, dass es immer weniger »spezielle« Bindungen zu den USA gibt, die den Briten eine Sonderrolle ermöglichen, und dass sie Europa am Ende mehr brauchen als umgekehrt.

Die wachsende Entfernung zwischen den USA und Europa hat auch etwas mit Missverständnissen über faires »burden sharing« im Bündnis zu tun. Das Bruttoinlandsprodukt der Vereinigten Staaten ist mit 18 Billionen US-Dollar annähernd gleich groß wie das der Europäischen Union. Warum also, fragen amerikanische Stimmen, sollen die USA weiterhin den weitaus überwiegenden Teil der Sicherheits- und Verteidigungskosten Europas übernehmen?

Letztlich ist die Sicherheitsgarantie der USA für Europa ein Nachkriegsmodell des Zweiten Weltkriegs, das jetzt mit einigen Jahrzehnten Verspätung ausläuft. Man muss und sollte diese Veränderung nicht zuallererst auf den Rüstungssektor beziehen. Wichtiger ist die Bereitschaft Europas, eine gemeinsame Außenpolitik zu entwickeln. Aber – das liegt den progressiven Parteien Europas schwer im Magen – auch bei der Verteidigungsfähigkeit und -bereitschaft der westlichen Demokratien wird Europa mehr Verantwortung übernehmen müssen. UN-Mandate gegen Völkermord durchsetzen, Friedenseinsätze tatkräftig unterstützen, Waffenstillstandsabkommen nicht nur überwachen, sondern notfalls auch erzwingen oder sich Terrorismus, Versklavung und Erniedrigung von Menschen notfalls auch mit militärischem Schutz entgegenstellen – das alles überlassen wir Europäer bislang oft anderen.

Und es stimmt auch: Militärische Gewalt allein löst keinen Konflikt, Waffen schaffen keinen dauerhaften Frieden. Richtig ist auch, dass es nicht selten die Fehler der Vergangenheit sind, die Armut, Bürgerkrieg und auch Krieg erst möglich gemacht haben. Aber was hilft diese rückblickend richtige Erkenntnis denjenigen, die heute die zivilen Opfer sind und jetzt dringend Schutz brauchen? Wir sind eben leider auch Zeitzeugen dessen, wie der Verzicht auf militärischen Schutz Raum schaffen kann für die Ausbreitung von Krieg und Terror durch skrupellose Machthaber und ihre Verbündeten. Unsere Waffenlieferungen an die kurdischen Peschmerga zum Schutz der Jesiden im Nordirak geschahen in dem Bewusstsein, dass auch die Bereitschaft und die Fähigkeit zum Schutz vor Gewalt, Mord und Völkermord geboten sein kann. Sosehr wir die Interventionspolitik der USA im Nahen Osten kritisiert haben, sosehr muss Europa daran gelegen sein, dass andere Akteure nicht ein durch die Abwesenheit der USA entstehendes Vakuum mit eigener Machtprojektion und militärischer Gewalt füllen. Russland zeigt gerade, dass es dazu bereit und in der Lage ist. Was dabei entstehen kann, zeigt uns täglich das Beispiel Syrien. Das Trauma der militärischen Interventionen in Afghanistan (mit deutscher Beteiligung) und im Irak (ohne deutsche Beteiligung) hat sowohl in den USA wie auch in Europa jedes robuste Engagement verhindert – von der Durchsetzung einer Flugverbotszone zu Beginn des Konflikts bis zur Beteiligung an der Sicherung eines Waffenstillstands. Niemand hat die Zurückhaltung des Westens in Syrien so konsequent genutzt wie Russland. Eine mögliche Verständigung des neuen amerikanischen Präsidenten Donald Trump mit dem russischen Präsidenten Wladimir Putin mag manchen aufatmen lassen, weil Entspannung zwischen diesen beiden atomaren Militärmächten nur gut sein kann. Wenn die Konsequenz daraus aber die sicherheitspolitische Aufteilung der Welt unter den autoritären Mächten Russland und (im asiatischen Raum) China wäre und die Vereinigten Staaten zwischen Isolationismus und Schwächung des westlichen Bündnisses schwanken, kann das nicht im Interesse des demokratischen Europas sein. Wenn wir nicht wollen, dass Europa in seiner eigenen Nachbarschaft im Nahen und Mittleren Osten an den Rand gedrängt wird, müssen wir unsere Einstellung zu dieser Region verändern. Nicht zuallererst militärisch, sondern vor allem in unserer inneren Haltung. Die arabische Welt weitgehend auf ihre Rolle als Rohstofflieferant zu reduzieren und sie ansonsten den geopolitischen Strategien Dritter zu überlassen, kann keine Lösung sein. Die Menschen und ihre Länder dürfen nicht Objekte ökonomischer Interessen sein, sondern sie müssen als gleichberechtigte Nachbarn verstanden werden. So wie die Europäische Union eine aktive Nachbarschaftspolitik zu Osteuropa betreibt, muss sie dies verstärkt auch zum arabischen Raum und Nordafrika tun.

Instabilität, Krieg und innerer Aufruhr in der arabischen Welt – Probleme, die uns seit Jahrzehnten vor Augen stehen, die viele aber mit einem resignierenden Achselzucken abzutun sich angewöhnt zu haben scheinen – haben uns jetzt, in den vergangenen zehn Jahren und seit 2015 mit einer Dramatik wie nie zuvor seit dem Zweiten Weltkrieg, mit Hunderttausenden Menschen an unseren eigenen Grenzen eingeholt. Sie haben uns mit der humanitären Katastrophe von Flucht und Heimatlosigkeit im 21. Jahrhundert konfrontiert, die zur dunklen Seite der Globalisierung gehört. Denn es ist nicht nur Syrien, wo Krieg und Vertreibung eine ganze Gesellschaft zerrissen hat. 65 Millionen Menschen sind nach Angaben der UN weltweit auf der Flucht und suchen Sicherheit und wirtschaftliche Perspektiven. Auch Afrika und Lateinamerika sind Weltregionen, aus denen Millionen die Flucht antreten. Noch eine Zahl des UN-Flüchtlingshilfswerks muss einen in Europa beschämen: 90 Prozent aller Flüchtlinge finden Aufnahme in anderen armen und instabilen Ländern, wo sie die ohnehin bestehenden Konflikte noch verschärfen. Europa steht vor einem Moment der Wahrheit: Wie viel politische Kraft und finanzielle Mittel ist der wohlhabendste Kontinent der Welt zu geben bereit, um Fluchtursachen des Bürgerkrieges, der Nahrungsmittelknappheit oder der ökologischen Krise einzudämmen? Und eine noch härtere Frage: Wie viele Menschen in Not sind wir trotz Risiken für unsere innere Sicherheit aufzunehmen bereit? Wenn wir unsere humanitäre Identität nicht aufgeben wollen, müssen wir viel geben und viele aufnehmen.

Es zählt zu den Widersprüchen unserer Tage: In einer Zeit der Schwäche Europas brauchen wir mehr und mehr seine Stärke. Wir brauchen Europa als Anker für das internationale Bündnis der Demokratien und Rechtsstaaten, denn die Bedrohung der Menschenrechte hat überall zugenommen. Wir brauchen Europas Einheit und Stärke, um der neuen weltweiten autoritären Herausforderung ein anderes soziales und liberales Modell des Zusammenlebens in Vielfalt entgegenzusetzen. Wir brauchen Europas Handlungsfähigkeit außen- und sicherheitspolitisch ebenso wie entwicklungs- und friedenspolitisch. Wir brauchen Europas Solidarität nach innen, damit wir überhaupt gemeinsam handeln können und damit die Dämonen des Nationalismus nicht zurückkehren, aber auch nach außen, um die gerechte Gestaltung der Globalisierung politisch wirkungsvoll voranbringen zu können.

Vor dem Hintergrund einer Revolution der globalen Ordnung stehen die Mittelschichten in zahlreichen Ländern unter Druck, materiell, aber auch kulturell. Die technologische Zeitenwende der Digitalisierung, die wirtschaftliche Konkurrenz in der Industrie, die politische Anfechtung der etablierten internationalen Macht des Westens und auch die Zumutungen einer Einwanderungsgesellschaft verstärken Ohnmachtsängste. Jobverlust, Machtverlust, Kontroll- und Orientierungsverlust, Verlust oder Gefährdung von sozialer

Identität – die Verunsicherung hat viele Namen und Dimensionen. Der neue nationalistisch-autoritäre Ton und die Wahlerfolge der radikalen Rechten sind nur so zu verstehen. Die Autoritären schüren die Wut und instrumentalisieren sie. Mit hemmungsloser Rhetorik und reaktionären Parolen mobilisieren sie gegen die etablierte Politik und tragen Bürgerkriegsstimmung auch in unsere Gesellschaft.

Die Frage »Was tun?« treibt konservative ganz genauso wie soziale Demokraten um. Sie alle stehen in der Verantwortung für die Zukunft des Rechtsstaates und der ihn tragenden Werte von Freiheit und Gleichheit. Der Anfang muss jetzt gemacht werden. Starke, mutige und ehrliche Gerechtigkeitspolitik ist gefordert! Die Autoritären machen sich die Enttäuschung vieler Menschen über die gewachsene Ungleichheit und die ungleiche Verteilung der Lasten zunutze – Reiche rechnen sich vor dem Finanzamt arm, mittlere Arbeitnehmereinkommen werden voll besteuert; Anteilseigner saugen das Kapital aus den Unternehmen, Arbeitsplätze und Einkommen gehen verloren; das Management bekommt beim Crash hohe Abfindungen, die Arbeitnehmer nicht einmal einen Sozialplan. Die immer stärker werdende Distanz zwischen der wirtschaftlichen und politischen Führung und den Bürgern hat nicht nur mit der Komplexität der Welt und der Kompliziertheit ihrer Deutung, sie hat vor allem mit der sozialen Kluft zu tun, die Eliten und Bürger trennt. Große Teile der Eliten in Wirtschaft, Wissenschaft, Politik und auch in den Medien waren es, die drei Jahrzehnte lang erzählten, dass die Unterwerfung unter den alles beherrschenden Wettbewerb und die Verwertungsgesetze der Globalisierung alternativlos sei. »Pass dich an!« war die Parole. Und das politische Konzept dazu war das der »marktkonformen Demokratie«, wie Angela Merkel einmal sagte. Menschen lassen sich aber nicht einfach das Rückgrat brechen und zu Mündeln der Marktmächte machen. Da erklären sie eher dem Freihandel den Krieg und wählen die nationale Abschottung. Wer der Wut auf das Establishment auf die Spur kommen will, hier liegt sie.

Weniger Ungleichheit und mehr Zusammenhalt. Weniger Hochmut und Belehrung gegenüber normalen Bürgern, dafür weit mehr Entschlossenheit bei der Vertretung ihrer Interessen. Das ist eine Antwort auf die Gefährdung der Demokratie.

Die Politik zur Verteidigung und Erneuerung unserer Demokratie muss einen wirtschaftlichen Kern haben. Wir müssen wirtschaftlichen Wohlstand ermöglichen *und* gerechte Teilhabe am Haben und Sagen organisieren. Arbeit und Einkommen sind Säulen der Sicherheit für breite Schichten, auf die wir größten Wert legen müssen. Sie machen unabhängig von Versorgungssystemen, die erst einmal jeden durchleuchten, gängeln und kränken. Der Wert der Arbeit hat auch etwas mit Stolz zu tun. Einschließlich paritätisch finanzierter kollektiver Sozialversicherungen, die bei Arbeitslosigkeit und Rente eigentumsgleiche Ansprüche bieten.

Wirtschaftlicher Wohlstand ist deshalb unabdingbar für soziale Stabilität. Deutschland kann von Glück sagen, dass wir eine anhaltende Periode sinkender Arbeitslosigkeit erleben. 43,5 Millionen Menschen – im Jahr 2017 möglicherweise 44 Millionen Menschen – sind in Deutschland in Arbeit, und zwar nicht mehr steigend in prekärer Beschäftigung, sondern in steigender sozialversicherungspflichtiger Beschäftigung, mit steigenden Reallöhnen, mit der stärksten Rentenerhöhung seit 20 Jahren. Wir haben die niedrigste Arbeitslosigkeit seit 26 Jahren. Das ist das Pfund, mit dem wir wuchern und das es uns erlaubt, die gewaltige Aufgabe der Flüchtlingsintegration ohne Steuererhöhungen und ohne große Verteilungskämpfe zu bewältigen.

Damit diese Entwicklung anhält, müssen wir mehr investieren. Das ist wichtiger als Steuersenkungen mit der Gießkanne, die meistens diejenigen am meisten begünstigen, die es am wenigsten brauchen. Das Investitionsvolumen des Bundeshaushaltes hat sich in den letzten drei Jahren um ein Drittel erhöht. Dafür haben wir uns eingesetzt. Wir haben eine gewaltige Entlastung der kommunalen Haushalte mit Größenordnungen erreicht, die es in der Geschichte der Republik bisher noch nicht gegeben hat. Länder und

Kommunen wurden in dieser Legislaturperiode mit 70 Milliarden Euro aus dem Bundeshaushalt entlastet. Das ist deshalb entscheidend, weil die größte Investitionstätigkeit in der Regel in den Kommunen stattfindet. Vor allem auch dort, wo es um die Zukunft der Kinder geht. Wir haben einen gigantischen Sanierungsstau von 34 Milliarden Euro im Bereich unserer Schulen. Wir müssen mehr Geld für Bildung aufwenden, und es ist gut, dass es mithilfe der Bund-Länder-Finanzverhandlungen gelungen ist, das Kooperationsverbot zwischen Bund und Ländern in der Bildung wenigstens im Investitionsbereich zu lockern. Das macht den Weg frei für ein großes Schulsanierungsprogramm – ein Programm der Hoffnung! Die besten Schulen müssen in den schwierigsten Stadtteilen stehen. Dort brauchen wir sie als die Leuchttürme unserer Gesellschaft.

Die Neuvermessung und Revolutionierung der Welt, wie wir sie kennen, reicht tief in den Alltag unserer Betriebe hinein. Die Digitalisierung verändert fast alles. Nicht mehr allein die Verfügung über die klassischen Produktionsmittel ist Voraussetzung für wirtschaftlichen Erfolg, sondern immer mehr die Kontrolle über und die Fähigkeit zum Umgang mit großen Mengen an Daten. Wir leben immer mehr in einer datengetriebenen Ökonomie. Die industriellen Kernkompetenzen eines Landes wie Deutschland – das Beherrschen von realen Produkten und herkömmlichen

Dienstleistungen – reichen nicht mehr aus, um wirtschaftlichen Erfolg zu sichern. Über die Kommunikation von Maschinen untereinander und auf den digitalen Plattformen entsteht neue Wertschöpfung und zieht sie von den klassischen Produkten und Dienstleistungen ab. Wer diese neuen Wertschöpfungsketten nicht versteht und nicht zu nutzen weiß, bleibt zurück, und sein Produkt wird zur »Commodity«, einem austauschbaren Mittel zum Zweck.

Das wird zunehmend sogar am Beispiel der wichtigsten deutschen Leitindustrie, der Automobilindustrie, deutlich, die zu Unrecht als uneinnehmbare Bastion von »made in Germany« gilt. Dort sind einschließlich der Zulieferer heute 814 600 Menschen beschäftigt. Zu überdurchschnittlich guten Löhnen und mit sicheren Arbeitsplätzen. Was passiert aber mit der Nachfrage nach Autos, mit den Kundenbeziehungen der Hersteller und ihren Renditen, wenn immer mehr Menschen auf Datenplattformen gehen, weil sie ein Auto nicht mehr selbst besitzen, sondern Mobilität buchen wollen? Und zwar sehr flexibel: während der Woche eine andere als am Wochenende, im Sommer eine andere als im Winter? Google und Co, nicht mehr VW, Audi, Daimler oder BMW werden zur ersten Adresse der Kunden. Dies ist in unseren Großstädten schon zu besichtigen.

Was passiert mit den Zulieferern? Noch dramatischer wird das Bild, wenn man sieht, dass sich zeitgleich mit der Digitalisierung des Automobilsektors eine zweite Innovation, die wir ökologisch wollen und fördern, Bahn bricht: die Elektromobilität. Ein Verbrennungsmotor besteht aus rund 1400 Teilen, die hergestellt, geliefert und verbaut werden müssen. Ein Elektromotor nur noch aus rund 200 Teilen. E-Autos brauchen insgesamt nur noch 50 Prozent der Komponenten herkömmlicher Fahrzeuge. Niemand kann sicher sagen, wie viele Arbeitsplätze entfallen, wie viele Zulieferbetriebe schließen, aber die Prognosen verheißen nichts Gutes. Berichtet wird, dass ein Sechstel der Jobs in der Motorenfertigung verschwindet.

Wir werden diese Trends nicht aufhalten und sollten es auch nicht versuchen. Sie sind die Zukunft, schonen Ressourcen und schützen das Klima. Der Gesellschaftsvertrag zur Sicherung von wirtschaftlichem Erfolg und sozialem Frieden beruht in Deutschland ja gerade darauf, dass sich die Politik nie gegen technologische Trends, Produktivitätssteigerungen oder gegen die Steigerung wirtschaftlicher Wettbewerbsfähigkeit gestellt hat. Im Gegenteil: Durch Investitionen in Forschung und Entwicklung, Infrastrukturentwicklung und steuerliche Anreize wurden und werden dafür die Rahmenbedingungen immer wieder neu verbessert. Die dadurch ermöglichte wirtschaftliche Dynamik ist mit ihren Wachstumseffekten in der Regel in der Lage, neue Beschäftigungsalternativen für diejenigen zu schaffen, die durch die technologische Modernisierung ihren Arbeitsplatz verlieren. Wir sollten bei alldem aber nicht die Größe der Herausforderung und die Verunsicherung der Menschen in einer solchen historischen Transformation unterschätzen. Deshalb ist es richtig, dass zum Modell Deutschland, zur Sozialen Marktwirtschaft die sichtbare Hand des Staates gehört: dass wir aktive Wirtschaftspolitik für hohe und gut entlohnte Beschäftigung machen, Märkte regulieren, Investitionen mobilisieren, Nachfrage stimulieren, Tarifstrukturen stärken, Qualifizierung finanzieren und die solidarische soziale Absicherung existenzieller Lebensrisiken sicherstellen.

Demokratiepolitik kann sich aber auf materielle Interessen nicht beschränken. Denn oft sind es Fragen der Identität, der Kultur und des Respekts, die darüber entscheiden, ob unsere Gesellschaft zusammenhält. So geht es bei der ökologischen Transformation der Wirtschaft nicht allein um die Zukunft der Industriearbeitsplätze. Es geht darum, überhaupt einmal wieder ohne Arroganz und Besserwisserei hinzuhören und mit den Leuten zu sprechen statt ihnen zu predigen. Es geht darum, dass die Entscheider die Lebensrealität der Betroffenen begreifen. Daran fehlt es heute. Wer sich vom politischen Überbietungswettbewerb beim Klimaschutz bedroht fühlt, weil er entweder in der Braunkohleverstromung seinen Arbeitsplatz hat oder in einem Industriezweig wie der

Stahlindustrie, findet für seine Anliegen kaum noch Gehör. Welche politische Partei traut sich noch, diese Interessen zu vertreten? Sie werden als gestrig verunglimpft und delegitimiert. Nicht ohne Grund haben die Industriegewerkschaften Sorge, dass selbst in ihrer Mitgliedschaft das Potenzial für Rechtspopulisten wächst.

Die Entfremdung zwischen den Bildungs-, Kultur- und Verdiensteliten und großen Teilen der restlichen Bevölkerung entsteht heute auch durch einen moralischen Dünkel, der einer Verachtung normaler Menschen nahekommt und sie salonfähig macht. Wer Privatsender konsumiert, bekommt zu hören, das sei »Unterschichtenfernsehen«. Wer keinen »gender-sensiblen« Wortschatz hat, wird als frauenfeindlich verschrien. Wer über den Begriff »Menschen mit Migrationshintergrund« stolpert und im Supermarkt nach »Negerküssen« fragt, wer raucht oder Fleisch isst, wird im politischen Deutschland schnell zum Außenseiter erklärt. Das treibt Nationalisten und Populisten nicht wenige Frustrierte in die Arme.

Selbst das überragend wichtige sozialdemokratische Versprechen vom »Aufstieg durch Bildung« gerät in seiner Absolutheit in Gefahr, die nicht akademischen Lebenswege von Verkäuferinnen, Handwerksgesellen oder Altenpflegerinnen abzuwerten. Für uns Sozialdemokraten ist dieses Versprechen von großer inhaltlicher, aber auch emotionaler

Bedeutung, weil viele von uns genau diesen gesellschaftlichen Aufstieg durch die sozialdemokratischen Bildungsreformen im eigenen Leben erlebt haben. Doch heute bringt dieses Versprechen nicht mehr so gut zum Ausdruck, worum es geht: nämlich darum, dass alle Menschen wirklich gleiche Chancen für ein selbstbestimmtes Leben haben müssen in einer Gesellschaft der gleichen Freiheit, der gleichen Menschenwürde, in der es möglichst kein »Oben« und »Unten« mehr gibt. Dafür die politischen Bedingungen zu schaffen, ist die dauernde Aufgabe der Sozialdemokratie.

Emanzipatorische Politik hat viel mit Menschlichkeit, mit Empathie und mit geduldiger Aufklärung zu tun, nichts aber mit abweisender politischer Korrektheit. Bei alldem – von politischen Großprojekten, die sich nicht mehr vergewissern, welche Kosten sie für die Betroffenen haben, über die Sprache bis zum Habitus – wächst die Spaltung zwischen »denen da oben« und »uns hier unten«. Wenn wir nicht aufpassen, erleben wir die Rückabwicklung der Volksparteien aufgrund kultureller Entfremdung.

Fragen der Identität sind es nicht zuletzt, die auch gut verdienende Menschen mit Eigenheim zu den radikalen Rechten treiben. In Mannheim-Wallstadt, einem gutbürgerlichen Viertel mit 1,6 Prozent Arbeitslosigkeit, im wohlhabenden Baden-Württemberg gelegen, erzielte die AfD 18 Prozent. Das Thema waren »die Fremden«, die Flüchtlinge. Darauf zu reagieren, indem Auseinandersetzungen um rücksichtsloses Benehmen, Frauenverachtung oder religiösen Extremismus von Ausländern aus der öffentlichen Debatte oder der Berichterstattung gedrängt werden, weil man der Fremdenfeindlichkeit nicht noch Vorschub leisten will, bewirkt allerdings nur das Gegenteil. Solche Tabus spielen den Rechtsextremen in die Hände. Auch hier müssen wir eine klare und ehrliche Sprache finden: Unsere Identität ist die einer modernen Gesellschaft und eines Rechtsstaates, der das Recht durchsetzt. Gleichgültigkeit oder ein Relativismus der Werte führen zur Spaltung der Gesellschaft in Parallellebenswelten. Niemals geben wir gleiche Rechte für Frauen, für Homosexuelle oder Menschen anderer Herkunft preis. Wir kämpfen für sie und mit ihnen, egal, wer sie angreift, sei es nun ein Rechtsextremist oder ein Islamist. Ohne diese entschieden freiheitliche und respektvolle Haltung, mit der wir für die immer und für jeden gültigen Grundrechte unserer Verfassung eintreten, kann kein Einwanderungsland den inneren Frieden wahren. Genau diese Haltung ist es dann aber auch, mit der wir den gutbürgerlichen neuen Rechten, diesen Wölfen im Schafspelz, sagen: Wir lassen nicht zu, dass ihr unser Land in die Zeit vor Willy Brandt zurückversetzt – oder gar vor Konrad Adenauer! Wir sagen euch: Ohne Mitgefühl und Solidarität mit denen, die in Not zu uns kommen, wäre unser Land seelenlos. Schließlich können wir in der Hoffnung der Flüchtlingskinder auf ein besseres Leben unsere eigenen Hoffnungen wiederentdecken.

Der Anfang muss bei uns selbst gemacht werden. In dem Maße aber, in dem wir unsere Demokratie erneuern, die europäischen Gesellschaften gerecht gestalten und ihren inneren Frieden bewahren, in diesem Maße können wir auch politisch stark und glaubwürdig für Friedenspolitik nach außen eintreten. In einer Welt, in der nichts mehr sicher und selbstverständlich ist, muss Deutschland, muss Europa mehr internationale, ja globale Verantwortung schultern. Ein geeintes Europa, mit Deutschland in seiner Mitte, soll aber vor allem als zivile Friedensmacht mit den Mitteln wirtschaftlicher und sozialer Entwicklung, ökologischer Modernisierung und eines nicht nur freien, sondern auch fairen Handels nach besten Kräften mitwirken an einer neuen Ordnung der Sicherheit in einer neu vermessenen Welt. In dieser Ordnung wird keine Nation auf überkommene Vorrechte pochen können. Aber ebenso wird sich auch keine beleidigte Großmacht als neuer aggressiver Hegemon aufwerfen dürfen. Mehr Gleichheit ist ein guter Kompass für den inneren ebenso wie den globalen Frieden.

INTERNATIONALE POLITIK IM UMBRUCH

Außenpolitik nach der Wahl Trumps

Die Wahl Donald Trumps zum Präsidenten der Vereinigten Staaten hinterlässt Spuren in der internationalen Politik. Noch President-elect drohte er in seinen Tweets schon den Autokonzernen, die in Mexiko produzieren und in die USA importieren, mit hohen Strafzöllen. Dann zeigte er in seiner Inaugurationsrede mit hochgereckter Faust dem weltweiten Publikum, dass die nationalistische Steigerung der America-first-Parole kein Wahlkampfgetöse bleiben, sondern auch die Außenpolitik des Weißen Hauses bestimmen soll. Nicht nur die Beziehungen zu den atomaren Großmachtrivalen China und Russland stehen vor einem Umbruch. Auch das Verhältnis der USA zu Europa und zu den NATO-Partnern scheint demnach dem Primat des radikalen amerikanischen Eigeninteresses zu gehorchen. Präsident Trump gibt die unmissverständliche Botschaft, dass er nur noch solche »Partner« kennt und nennt, die ihm selbst und seinem Land nutzen.

Das hätte gravierende Folgen für die internationale Ordnung und für unsere eigene Außenpolitik. In der Handelspolitik wechseln die USA unter Trump womöglich vom Lager des Freihandels in das des nationalen Protektionismus. Freihandelsverträge wie das seit 1994 bestehende nordamerikanische NAFTA stellt Trump infrage, neue wie das transpazifische TPP oder ein transatlantisches Abkommen wird es in absehbarer Zeit nicht geben. Jedem muss klar sein, dass Washington fortan bereit sein könnte, internationale Verträge aufzukündigen oder in der Praxis zu ignorieren. Wenn auf Autoimporte ein Strafzoll von 35 Prozent erhoben wird, widerspricht das nicht nur den NAFTA-Bestimmungen, sondern auch den WTO-Regeln. Klagen dagegen sind langwierig. Im Erfolgsfall stünde die Option zur Wahl, mit eigenen europäischen Strafzöllen auf amerikanische Produkte zu kontern. Diese Spirale eskaliert in einen Handelskrieg, der allen Seiten schadet und den nicht nur Verbraucher über hohe Preise, sondern vor allem auch Arbeitnehmer in den exportorientierten Industrien mit ihrem Arbeitsplatz bezahlen müssen. Auf diesen Schuss ins eigene Knie muss sich dann allerdings auch Präsident Trump einstellen. Denn wer seinen wirtschaftlichen Erfolg nicht mehr auf international überlegene Produkte stützt, wie es der Stolz Amerikas war, sondern auf die Abschottung gegen andere, die bessere Autos bauen, der beschleunigt seinen eigenen Niedergang mehr als er anderen schaden kann. Deutschland ist gut beraten, mit ruhigem Selbstbewusstsein die Qualität seiner Industrie weiter zu steigern und den Erfolg über das bessere Produkt zu suchen.

Irrational, schwankend und unberechenbar kann die US-Politik nun auch in Sicherheitsfragen werden. Über eine einseitige Aufkündigung des Iran-Abkommens durch die Vereinigten Staaten ist offenbar noch nicht entschieden. Man muss sich aber vor Augen führen, was das bedeuten könnte: Dieser Schritt würde auf einen Schlag die Kriegsgefahr im Nahen und Mittleren Osten steigern. Iran würde mit neuer Rücksichtslosigkeit die Atomwaffe in die Hände zu bekommen versuchen. Die Folge wäre ein dramatischer nuklearer Rüstungswettlauf im Nahen Osten. Wie das im Interesse der USA und Israels sein könnte, lässt sich rational nicht nachvollziehen. Eine Aufkündigung des klugen, ganz wesentlich durch die USA, Großbritannien, Frankreich und Deutschland entwickelten und von allen fünf ständigen Mitgliedern des UN-Sicherheitsrates getragenen Atomabkommens mit dem Iran könnte also einen Stein ins Rollen bringen, den Nahen Osten weiter destabilisieren und noch mehr Menschen zu Flüchtlingen machen. Europa kann in einem solchen Szenario nicht einseitig Partei ergreifen. Aus eigenen Interessen muss es zu vermitteln und zu deeskalieren versuchen.

Sollte Präsident Trump hingegen seine Ankündigungen wahr machen und einen Ausgleich mit dem russischen Präsidenten Wladimir Putin suchen, muss das keine schlechte Nachricht sein. Eine Entspannung an Europas östlichen Grenzen erhöht unsere Sicherheit. Es kommt allerdings auf die Bedingungen an, zu denen eine Neubestimmung in den amerikanisch-russischen Beziehungen erfolgt. Überginge Trump die Interessen der baltischen Staaten und Polens, wäre die Daseinsberechtigung der NATO in Frage gestellt: Gilt dann noch das Versprechen des Beistands aller Mitglieder füreinander? Sanktionierte das Weiße Haus den Gebrauch von Gewalt in der Ukraine und den Versuch, europäische Grenzen zu verschieben, so stünde damit die gemeinsame Sicherheitsordnung der KSZE und OSZE und das Bekenntnis zur Nachkriegsordnung mit der friedlichen Beilegung von Konflikten endgültig zur Disposition. Auch eine Bagatellisierung der in Syrien mit russischer Waffenhilfe begangenen Kriegsverbrechen würde das transatlantische Bündnis des Westens als Wertegemeinschaft der Menschenrechte in seinem Kern schwächen. Die freiheitliche Demokratie ist es, die damit an Halt und Geltung verlieren könnte.

Der neue amerikanische Präsident hat sich in seinen ersten Amtstagen zur NATO und zur europäischen Integration zunächst uninformiert, gleichgültig und auch abschätzig geäußert. Das war in der

Geschichte für einen US-Präsidenten beispiellos. Nicht auszuschließen, dass Präsident Trump im Amt jetzt vernünftiger agiert. Vertreter der US-Administration haben in den ersten Wochen seiner Amtszeit versucht, Zweifel über das Bekenntnis der USA zur NATO und zur Zusammenarbeit mit der EU auszuräumen. Nicht auszuschließen ist aber dennoch, dass die Radikalität des Denkens des Präsidenten zur außenpolitischen Handschrift der USA wird. Die aktuelle Unberechenbarkeit, die mit Donald Trump ins Weiße Haus einzieht und damit die Handlungsweise der USA in handels- und sicherheitspolitischen Fragen erfasst, kann zu einer ernsthaften Krise des Westens führen. Diese Gefahr ist die eigentliche außenpolitische Zäsur, die mit der Wahl Trumps verbunden ist. Es werden Prinzipien und Institutionen infrage gestellt, die insbesondere für Deutschlands internationale Orientierung seit Jahrzehnten entscheidend sind. Auf diese Lage müssen wir Antworten finden.

Zuerst gilt es, an unsere Prinzipien und Urteilsmaßstäbe zu erinnern und sie zu bekräftigen. Außenpolitik trifft notgedrungen viele Entscheidungen weit jenseits idealer Ziele. Sie muss abwägen, Spielräume lassen, kann oft nur Schlimmeres vermeiden oder verhüten, muss immer die Frage der Machbarkeit vor derjenigen der Wünschbarkeit beantworten. Diese realpolitische Vernunft ist selbst ein herausragendes Prinzip und hebt sich ab von einem Abenteurertum, zu dem vermeintlich linke Internationalisten genauso in der Lage sind wie rechte Militaristen. Gerade weil aber in der Außenpolitik so vieles relativ ist, braucht sie einen Kompass der Grundsätze, der uns davor bewahrt, im machtpolitischen Relativismus und Opportunismus verloren zu gehen. Dieser Kompass wird noch wichtiger, wenn die Prinzipien erschüttert werden und die Institutionen, die sie verkörpern, an Geltung verlieren.

Auf einen amerikanischen Nationalismus sollten wir nicht bange oder kleinlaut oder mit vorauseilendem Gehorsam reagieren. Hier sind keine Mitläufer gefragt, sondern aufrechte Demokraten und streitbare Liberale. Wir sollten auf die Herausforderungen durch die neue US-Regierung mit den Grundsätzen und Ansprüchen der freien Welt antworten, die nicht zuletzt in der amerikanischen Verfassung ihren Ursprung haben. Wir sollten als Europäer den »Westen« als Idee und Prinzip neu begründen und in die heutige Welt übertragen.

Im Kern geht es um gleiches Recht auf Freiheit, Sicherheit und Wohlergehen, das in der Globalisierung mit ihren wechselseitigen Abhängigkeiten kein Privileg weniger US-Bürger sein kann. Auf diesem Recht fußt die internationale Ordnung, die wir wollen und aus der wir die Regeln unserer Sicherheitsbündnisse, unserer Handelsverträge oder unserer Klimaschutzabkommen gewinnen.

Eine zweite Antwort auf Donald Trump sollten außenpolitische Initiativen sein. Es gibt keinen Grund abzuwarten, was da auf uns zukommt. Wir sollten nach unseren eigenen Interessen und Werten neue Projekte starten, die auf internationale Kooperation und Entspannung gerichtet sind. Deutschland und Europa haben die erste Pflicht, Frieden, Sicherheit und Stabilität auf unserem Kontinent zu schützen. Wenn der US-Präsident das Verhältnis zu Russland entspannen will, sollte Deutschland die vom sozialdemokratischen Außenminister Frank-Walter Steinmeier 2016 vorgeschlagene Rüstungskontrollinitiative erneuern. Die USA und Russland könnten – ohne dass dafür schon alle Gegensätze ausgeräumt sein müssen – sofort mit einer Renaissance der Rüstungskontrolle und einem gemeinsamen Stopp von Aufrüstungsplänen beginnen. Eine gemeinsame Agenda zur Eindämmung von Cyber-Interventionen durch vertrauensbildende Kontrollmechanismen wäre hilfreich, um das gegenseitige Misstrauen abzubauen.

Wenn es in diesem Zuge gelingt, die Befriedung der Ostukraine und die Umsetzung der Minsker Beschlüsse zu erreichen, wenn Moskaus Ernsthaftigkeit bei der Achtung von internationalen Vereinbarungen und Grundsätzen erkennbar ist, wird der Ausstieg aus den Sanktionen möglich. Eine amerikanisch-russische Verständigung sollte Europa vor allem auch mit Blick auf den Nahen Osten unterstützen. Eine gemeinsame Strategie im Umgang mit dem Iran und mit der Gefahr nuklearer Proliferation, Gemeinsamkeit beim Kampf gegen den islamistischen Terrorismus und beim Ruhen der Waffen im syrischen Bürgerkrieg ist in unserem Interesse.

Die dritte Antwort fällt uns Deutschen sehr viel schwerer. Gerade meiner Partei, das gebe ich zu. Aber sie wird unausweichlich. In dem Maße, in dem die US-Außenpolitik ein eher gleichgültiges oder jedenfalls auf Eigennutz berechnetes Verhältnis zu unseren Systemen kollektiver Sicherheit entwickelt, muss Europa selbst das Vakuum füllen. Das erfordert ganz unmittelbar die vielleicht schockierende Einsicht, dass uns niemand hilft, wenn wir uns nicht selbst zu helfen wissen. Europas Sicherheit liegt in Europas eigener Verantwortung. Wir müssen außen- und sicherheitspolitisch strategie- und handlungsfähig werden, denn wir sind es noch nicht ausreichend. Dazu gehört, dass wir unsere europäischen Interessen definieren und unabhängig von den USA artikulieren. Dieser Eigensinn erfordert in gewissem Maße auch die Emanzipation von Weichenstellungen, die in Washington vorgenommen werden. Die militärische Intervention im Irak, der sich Deutschland und Frankreich zu Recht verweigerten, erforderte eine Unabhängigkeit des strategischen Urteils auf unserer Seite, die manche früher als »Sonderweg« fürchteten, die aber künftig eher die Regel als die Ausnahme sein könnte.

Wer eigene Ziele hat, sollte aber auch die Fähigkeiten entwickeln, sie zu erreichen. Der europäische Arm der NATO darf nicht länger an Muskelschwund leiden. Er muss stärker werden und zupackender. Aber eben nicht allein reduziert auf höhere Rüstungsausgaben! Auch wenn Generalsuniformen die Treffen der NATO-Verteidigungspolitiker prägen, so war und ist die NATO doch zu allererst ein politisches Bündnis, das auch einen militärischen Arm hat – nicht umgekehrt. Gemeinsame Außenpolitik muss auch hier der Verteidigungs- und Sicherheitspolitik voran gehen und ihr nicht hinterherlaufen.

Hier liegt auch ein Ansatz für die künftige Zusammenarbeit mit einem Großbritannien, das den Binnenmarkt der Europäischen Union verlässt. Es sollte Teil der europäischen Sicherheitsarchitektur bleiben. Doch auch die EU muss sich stärker als sicherheitspolitische Macht verstehen. Unsere Verteidigungshaushalte müssen darauf eingestellt werden. Die Ausrüstungen der europäischen Armeen müssen modernisiert, operativ einsetzbar und auf die militärischen Aufgaben neu orientiert werden – sei es die Kontrolle des Mittelmeers oder die Landverteidigung im Osten, seien es Stabilisierungsmissionen oder UN-mandatierte Kampfeinsätze zum Schutz von Menschenleben und zur Verhinderung von Verbrechen gegen die Menschlichkeit.

Es wäre ein Missverständnis zu glauben, es handle

sich bei dieser Aufgabe nur darum, mehr Waffen anzuschaffen. Es geht darum, die Rüstungsindustrie in Europa stärker zu integrieren und die Kräfte zu bündeln. Es geht darum, eine gemeinsame europäische Sicherheitsidentität zu schaffen, die über immer stärker integrierte Strukturen den Weg zur europäischen Armee eröffnet.

Diesen Weg zu gehen, heißt nicht, die Militarisierung unserer Außenpolitik zu betreiben. Wir Deutschen müssen uns vielmehr fragen, ob wir weiter einem funktionsfähigen System kollektiver Sicherheit in einer Gemeinschaft mit rechtsstaatlichen Demokratien angehören wollen. Wenn wir es wollen, weil genau dies die Lehre unserer Geschichte ist und unsere eigene Sicherheit am besten schützt, müssen wir die dafür erforderlichen eigenen Beiträge leisten. Europa sollte dabei die zurückhaltende und ausgleichende Friedensmacht bleiben, als die es geschätzt ist. Diese Kontinuität ist die tragende Säule einer Sicherheitsidentität, die vor allem die politischen, wirtschaftlichen, zivilgesellschaftlichen, sozialen und zunehmend auch ökologischen Bedingungen des Friedens stärken will.

Unsere vierte Antwort auf die Herausforderungen unserer Zeit sollte der selbstbewusste Anspruch sein, als Europäer die Globalisierung maßgeblich mitzugestalten. Wir sollten uns trauen, die globale Rolle der Europäischen Union entschieden auszubauen.

Ich bin sicher, dass eine solche EU, die ihren wirklich großen Aufgaben gerecht wird, neuen Respekt und neuen Zuspruch der europäischen Bürgerinnen und Bürger erhält. Eine erste Bewährungsprobe dabei ist unsere Reaktion auf handelspolitischen Protektionismus. Stärken wir die zweite politische Brücke über den Atlantik, die uns mit Kanada verbindet! Geben wir ein Beispiel dafür, wie wir den Auswüchsen eines regellosen Kapitalismus begegnen, mit einer neuen Generation von Handelsabkommen. Freier und fairer Handel, kein Dumping mehr von sozialen und ökologischen Standards, sondern gemeinsame Regeln auf offenen Märkten – das sollte unsere Antwort sein. Mehr denn je sollten wir uns bewusst machen, was wir mit CETA erreicht haben, und die Ratifizierung dieses guten Abkommens zur politischen Botschaft Europas gegen blinden handelspolitischen Nationalismus machen.

Europa sollte sich nicht anstecken lassen durch den neuen Ton der Verachtung, der durch die Welt geistert. Es sollte vielmehr selbst die Courage haben, der Welt ein Beispiel zu geben für Freiheit, Recht und inneren Frieden. Jetzt kommt es wirklich auf uns an.

Eine an der Welt interessierte Haltung, die Suche nach Möglichkeiten der Zusammenarbeit und des Interessenausgleichs und der ungebrochene Glaube an die Friedensfähigkeit aller Völker müssen Europa weiterhin prägen. Junge Besucherinnen und Besucher von Veranstaltungen fragen uns Politiker oft: »Was sind denn Ihre Visionen?« Mir fällt dazu bis heute keine bessere Antwort ein als die des katholischen Bischofs von Hildesheim, Josef Homeyer (1929–2010), der unmittelbar nach den Attentaten vom 11. September 2001 in New York dazu aufrief, endlich »Gerechtigkeit für alle statt Reichtum für wenige« zum Ziel der Globalisierung zu erklären. So weit wir davon auch heute noch entfernt sein mögen, so richtig war Homeyers Vision trotzdem. Ohne mehr Gerechtigkeit in der Welt wird es auch nicht mehr Sicherheit geben. Nur eine gerechte Welt kann eine Welt ohne Krieg sein, eine Welt, die auch für die eigenen Kinder und Enkel noch ein guter Ort ist.

Vor knapp 40 Jahren legte der erste sozialdemokratische Bundeskanzler und SPD-Parteivorsitzende Willy Brandt in der Nord-Süd-Kommission einen visionären Bericht vor: In einer Zeit der Ost-West-Konfrontation lenkte er mit dem Report »Das Überleben sichern« den Blick auf die gemeinsamen Herausforderungen von Industrie- und Entwicklungsländern. Der Ansatz der internationalen Kommission, dessen Vorsitz Brandt innehatte, ging über eine reine Entwicklungsagenda hinaus und behandelte Themen, die die Weltgemeinschaft heute im Rahmen der »Agenda 2030« bearbeitet. Brandts damaliger Begriff einer »Weltinnenpolitik« entspricht dem heutigen Konzept der »global governance«. Die Nord-Süd-Kommission war einer der Grundsteine zu einer Entwicklung, die später zu den »Millenium Development Goals« und der Agenda 2030 geführt hat.

Besonders interessante Stichpunkte waren die Forderungen nach einer Stärkung der Friedensrolle der Vereinten Nationen, einer Kontrolle von Waffenexporten und Militärausgaben, nach sozialen und wirtschaftlichen Reformen im »Süden« als Voraussetzung für Entwicklung, Reduzierung der Abhängigkeit von nicht erneuerbaren Energiequellen, Stärkung des Welthandels, Technologietransfer und faire Investitionsbedingungen, Reform der Weltwährungsordnung und Verbreiterung der Entwicklungsfinanzierung.

Vor dem Hintergrund der zunehmend kritischen Grundhaltung gegenüber den Auswirkungen der Globalisierung und dem von vielen empfundenen Defizit bei der Gestaltung einer sozialen und gerechteren globalen Ordnung ist es sinnvoll, den 40. Jahrestag der Kommissionsgründung zum Anlass zu nehmen, um die Vision von damals erneut aufzunehmen und die Diskussion fortzuführen. Mit dem G20-Außenministertreffen in Bonn im Februar 2017 haben wir bereits damit begonnen.

Viele haben damals die große Vision belächelt. 2015 aber wurde die Agenda 2030 von den Vereinten Nationen verabschiedet. Es ist ein erstaunliches Dokument. In 17 Punkten, die auf einer Seite Platz haben, ist es gelungen, die Ziele für ein besseres Zusammenleben auf unserem Planeten für alle Mitgliedsstaaten der Vereinten Nationen verbindlich zusammenzufassen. Deutsche Parteien brauchen in ihren Wahlkampfprogrammen für weit geringere Ambitionen meist mehr als 100 Seiten.

Die Verabschiedung der Agenda 2030 ist bei den vielen Krisen der letzten Jahre fast untergegangen. Aber sie ist eine bemerkenswerte Entwicklung, die Mut machen kann. Es ist alles andere als selbstverständlich, dass es den Staaten der Welt – Europa wie den USA, Russland, China und allen Staaten des globalen Südens – gelungen ist, sich auf eine gemeinsame Agenda zu verständigen. Zum ersten Mal ist die Unterscheidung von Industrie- und Entwicklungsländern aufgehoben worden. Alle sehen sich jetzt in einer gemeinsamen Verantwortung und sind aufgerufen an denselben Zielen zu arbeiten.

Die vergangenen Jahrzehnte haben gezeigt, wozu wir in der Lage sind, wenn wir unsere Kräfte bündeln und uns gemeinsame Ziele stecken. Beispiele dafür gibt es viele: In den letzten 15 Jahren ist die Zahl derer, die weltweit Hunger leiden, von 15 auf 11 Prozent zurückgegangen. Auch im Kampf gegen Krankheiten haben wir Fortschritte gemacht. In den vergangenen 25 Jahren wurde die weltweite Kindersterblichkeit um mehr als die Hälfte gesenkt: von 12,7 Millionen auf 5,9 Millionen Kinder jährlich. Seit der Verabschiedung der Millenniumsentwicklungsziele im Jahr 2000 konnte so 48 Millionen Kleinkindern das Leben gerettet werden. 2015 gab es nach Angaben von UNAIDS etwa 2,1 Millionen HIV-Neuinfektionen – das ist der niedrigste Wert im 21. Jahrhundert. Im Jahr 2000 waren es noch 3,2 Millionen Neuinfektionen. Laut UNAIDS starben 2015 weltweit 1,1 Millionen Menschen an den Folgen der Erkrankung; das sind 900 000 weniger als im Jahr 2005.

Keine Frage: Die Welt ist weit davon entfernt für alle Menschen auch nur das Überleben zu sichern. 1,4 Millionen Kinder sind akut vom Hungertod bedroht. Alleine diese Zahl zeigt, dass wir zu wenig tun. Aber wir müssen auch über die unbestreitbaren Erfolge mehr reden. Denn das macht Mut, auch den vielen Bürgerinnen und Bürgern, die auf die Welt schauen und sich große Sorgen machen. Wir müssen viel deutlicher vermitteln: Wenn wir gemeinsam handeln und uns durch kurzfristige Rückschläge nicht irre machen lassen, können wir die Welt zum Besseren verändern.

Und übrigens: Auch den Kampf gegen den Terror werden wir nicht mit militärischen Mitteln und Repression gewinnen. Langfristig werden wir nur dann erfolgreich sein, wenn wir den vielen jungen Leuten in unserer südlichen Nachbarschaft Bildungs- und Zukunftschancen eröffnen. Deshalb plädiere ich für eine große Bildungsoffensive für Afrika. Wir brauchen dort mehr Schulen, Berufsausbildung, Hochschulen. Deutschland engagiert sich dafür: Die Unterzeichnung der Vereinbarung über die Einrichtung einer Fachhochschule in Kenia Anfang Februar 2017 zeigt, in welche Richtung wir gehen wollen.

Und wir müssen zugehen auf all die Gläubigen in der islamischen Welt, die im islamistischen Terrorismus eine furchtbare Verirrung und Entstellung ihres Glaubens sehen. Zu oft übersehen wir, dass die meisten Opfer des islamistischen Terrorismus Muslime sind.

Der Westen

In den Gefährdungen und Erschütterungen der Gegenwart braucht die Politik einen Ort, in dem sie verankert ist. Jahrzehntelang stand dafür vor dem Fall der Mauer und des Eisernen Vorhangs »der Westen«. Transatlantische Beziehungen zwischen Europa und insbesondere zwischen Deutschland und den USA und Kanada, das Verteidigungsbündnis NATO und auch die Europäische Union waren Ausdruck der Gemeinsamkeiten der Staaten und Regionen der Welt, die sich »dem Westen« zugehörig fühlten. Teil einer – so die gegenseitige Versicherung – »Wertegemeinschaft«, die mehr sein wollte als eine ökonomische oder geostrategische Zweckgemeinschaft. »Der Westen« nahm für sich das universelle Versprechen der

Freiheit und Gleichheit des Einzelnen, der Achtung der Menschenrechte und des Rechts auf demokratische Teilhabe in Anspruch. Geschützt durch geschriebene oder ungeschriebene Verfassungen und die Herrschaft des Rechts.

Diese Wertegemeinschaft »des Westens« war für die überwiegende Mehrheit der ihm angehörigen Staaten und seiner Bürgerinnen und Bürger über lange Zeit ein relativ klarer politischer und kultureller Kompass. Und das trotz oftmals fehlender sozialer Absicherung dieses individuellen Freiheitsanspruchs und obwohl insbesondere die westliche Führungsmacht USA gegen die beschriebenen Werte des Westens selbst oftmals verstieß – ob in Vietnam oder in den 1970er- und 1980er-Jahren in Süd- und Lateinamerika. Heute, vor dem Hintergrund des Konflikts in der Ukraine, der politischen Auseinandersetzung mit Russland und der außenpolitischen Rezeption dieses Konflikts in China ist es sinnvoll, sich auch in Deutschland und Europa auf diesen politischen und kulturellen Kompass auf neue Art und mit einem veränderten Konzept zu besinnen.

In den vergangenen Jahren hat uns eine beträchtliche Zahl internationaler Krisen heimgesucht, die – wie durch ein Wunder – der wirtschaftlichen Prosperität Deutschlands bislang nichts anhaben konnten. Unsere Zahlen stimmen auch für letztes Jahr: 1,9 Prozent Wachstum und weiter zunehmende Beschäftigung, stabile Exportstärke und jetzt auch steigende Inlandsnachfrage porträtieren ein Land, dem es kaum je besser gegangen ist in seiner Geschichte.

Trotzdem gibt es zu diesem Bild ein Gegenbild neuer Unsicherheit, das mit deutscher Wachstumsstatistik nicht aufzulösen ist: Seit dem Kollaps der Finanzmärkte ist der Euroraum und mit ihm die Europäische Union einer beispiellosen *politischen* Belastungsprobe über die Reichweite europäischer Solidarität ausgesetzt. So wie das Zentrum der Union unübersehbar Risse bekommen hat, so hat sich auch die Destabilisierung an den Rändern Europas verstärkt. Syrien ist in einem fürchterlichen Bürgerkrieg mit vielen Tausenden von Todesopfern und Millionen von Flüchtlingen versunken. Der religiös, ethnisch und machtpolitisch leicht entflammbare Nahe Osten erreicht allenfalls begrenzte Waffenstillstände, aber keinen dauerhaften Frieden. Die Türkei entfernt sich zunehmend von demokratischen und rechtsstaatlichen Prinzipien und nimmt eine Gefährdung ihres innergesellschaftlichen Friedens und der demokratischen Beteiligungsansprüche einer jungen Generation in Kauf. Mit der staatlichen Androhung, das Internet verbieten zu wollen, ist der Konflikt sicher nicht zu lösen. Demokratisierung und Digitalisierung gelten den Aktivisten in vielen Teilen der Welt, so auch in der Türkei und im arabischen Raum, noch immer und zu Recht als Geschwisterpaar der politischen

Freiheit. Spätestens mit den Enthüllungen von Edward Snowden ist andernorts aber auch gerade diese Gewissheit erschüttert. Privatwirtschaftliche Datenmonopolisten und global agierende Geheimdienste bedrohen die informationelle Selbstbestimmung der Bürger. Die lückenlose Lesbarkeit und Kontrollierbarkeit des Menschen war lange eine dunkle Utopie der Literatur, bevor sie jetzt, im 21. Jahrhundert, zur Realität zu werden droht. Der SPD-Kanzlerkandidat Martin Schulz, hat deshalb vollkommen zu Recht vor einem digitalen Totalitarismus gewarnt, gegen den wir antreten müssen, um das individuelle Freiheitsrecht neu zu verteidigen.

Alle diese »Krisen« sind aus deutscher Perspektive wie eine Art Wetterleuchten: Sie muten bedrohlich an und irritieren die politische Orientierung über richtig und falsch. Der politische Kompass gerät ins Kreiseln. Aber sie haben bis heute wenig Einfluss auf den tatsächlichen Lebensalltag und die Grundemotionen in unserem Land, das stabil seinen Weg zu gehen scheint. Dennoch, die Erschütterungen können einer international in fast jeder Hinsicht – wirtschaftlich, politisch, kulturell – verflochtenen Nation wie den Deutschen niemals gleichgültig sein. Natürlich sind unsere ökonomischen Interessen berührt. Von weit größerer Tragweite aber ist, dass unsere politischen Grundwerte zur Disposition stehen. Verbunden und verbündet mit anderen Europäern müssen wir ernst nehmen, was in Europa und in der europäischen Nachbarschaft geschieht.

Das ist mit schneidender Schärfe klar geworden seit den Nachrichten von der militärischen Intervention auf der Krim und der Krise in der Ostukraine. Russland ist offenbar bereit gewesen, Panzer über europäische Grenzen rollen zu lassen. Plötzlich waren wir von der Beobachterposition hineingerissen in einen lange schwelenden und nun brandgefährlichen Konflikt, der auch Deutschland im Zuge von Sanktionen gegen Russland seinen Preis abverlangt. Wissen wir aber, worum es geht? Seit Jahren wuchs sich die politische Krise um die Zukunft der Ukraine zu einer Zerreißprobe des Landes zwischen Europa und Russland aus. Auch wenn sich der Konflikt auf die Frage der territorialen Integrität des ukrainischen Staates zugespitzt hat, wäre es zu kurz gegriffen, ihn darauf zu reduzieren. Im Kern geht es darum, was die Ordnung der Staaten in Osteuropa konstituieren soll und welches Modell wir auch in anderen Nachbarregionen der Europäischen Union anzubieten haben. Letzten Endes vollzieht sich die Zerreißprobe in der Ukraine ebenso wie in anderen Konflikten in der Nachbarschaft Europas zwischen der bürgerlichen Freiheit und dem Rechtsstaat auf der einen, der Zugehörigkeit zu einer Sprachgemeinschaft, Religions- oder Volksgruppe auf der anderen Seite. Darin liegt ein Unterschied, den wir bei allem Bemühen um Dialog und Stabilität nicht übersehen können. Denn das nationalistische Aufladen von Konflikten, der geopolitische Kontrollanspruch, der nationale Zugehörigkeiten instrumentalisiert – *das* ist die Abkehr von der europäischen und der »westlichen« Wertegemeinschaft, wie sie sich aus zwei blutgetränkten Weltkriegen entwickelt hat.

In all den Debatten, die wir vor und nach Samuel Huntingtons Thesen um die internationale Ordnung geführt haben, war es immer zu leicht, »den Westen« kulturell gegen den Rest der Welt zu stellen. Denn es geht ja gerade nicht um den Dominanzanspruch einer geografisch verorteten Kultur, die anderen etwas vorzuschreiben hätte, sondern um das Gegenteil: um die universelle Geltung einer jedem Menschen gleich zugänglichen Verheißung auf politische Selbstbestimmung. Deshalb sind eben auch völkerrechtswidrige Kriege wie im Irak, die rechtswidrige Praxis von exterritorialen US-Gefängnissen in Guantánamo, die Praxis von Geheimdiensten und das auf absolute Datenherrschaft gerichtete Gebaren der großen Internetkonzerne eine Verletzung der westlichen Wertegemeinschaft.

Deshalb untergräbt eben auch die rücksichtslose Durchsetzung von Geldprivilegien in einem System entfesselter Finanzmärkte den westlichen Rechtsstaat. Deshalb ist ein Europa, das sich nur als Zwangsgemeinschaft einer gemeinsamen Währung erfährt, weit entfernt von seinen wahren Zielen. Andererseits steht jeder mutige Bürger, der, in welchem autoritären Staat dieser Welt auch immer, seine Stimme erhebt, steht jeder Gewerkschafter in einem Schwellenland, der sich der Ausbeutung billiger Arbeitskraft widersetzt, steht auch ein Edward Snowden, der den Skandal schier grenzenloser Überwachung öffentlich gemacht hat, den Werten des Westens nahe.

Weil »der Westen« Symbol geworden ist für sehr viel mehr als Kultur oder Geopolitik, hat er sich nicht überlebt. Und selbst wenn die Vereinigten Staaten von Amerika, die bislang trotz aller Kritik an vielen ihrer geostrategischen Entscheidungen, das Land waren, das wie kein zweites für »den Westen« stand, sich von diesen universellen Werten abwenden sollten, bleiben diese Werte für uns Deutsche und Europäer doch Kompass und Orientierung. Die Verallgemeinerbarkeit der Prinzipien des Westens macht die Stärke seiner Botschaft aus, dass das individuelle Recht des Menschen unverletzlich ist.

In den Gefährdungen und Erschütterungen der Gegenwart braucht die Politik einen Ort, in dem sie verankert ist. Deutschland steht nicht zwischen den Polen. Als Demokratie gehört unser Land einer internationalen Gemeinschaft an, die das universelle Versprechen und das Recht der politischen Freiheit hochhält. Diese internationale Gemeinschaft ist vor allem in Europa eine Idee vom Zusammenleben der Menschen und der Völker. Diese Idee stellt das Gemeinwohl über das Einzelinteresse, die kulturelle Vielfalt über den Zwang zur Anpassung, die Lebensqualität über die Anhäufung von Reichtum und die nachhaltige Entwicklung vor die rücksichtslose Ausbeutung von Mensch und Natur. Und diese europäische Idee stellt vor allem die Zusammenarbeit über einseitige Machtausübung.

Natürlich übt die sichtbare Prosperität westlicher Industriestaaten eine große Anziehungskraft auf viele Menschen in der Welt aus. Aber noch viel mehr drückt diese europäische Idee vom Zusammenleben der Menschen und der Völker die Wertegemeinschaft des Westens aus und weckt Hoffnung bei Millionen Menschen in allen Teilen der Welt.

Deshalb gilt es jetzt, diese Wertegemeinschaft erneut zu festigen. Nach innen, aber auch nach außen. Wenn chinesische Kommentatoren angesichts des europäischen Konflikts um die Integrität der Ukraine fast schon höhnisch darauf hinweisen, dass der Westen seine Werte immer nur so lange hochhalte, wie seine ökonomischen Eigeninteressen nicht berührt seien, dann darf uns das nicht gleichgültig sein. Diese Sichtweise macht deutlich, dass wir zunehmend als eine rein ökonomische Zweckgemeinschaft angesehen werden, der man nur eine gleiche ökonomische Kraft verbunden mit militärischer Stärke entgegenhalten müsse, um ihre Werte nicht nur abzuwehren, sondern uns im Zweifel selbst zu deren Aufgabe zu bewegen. Europa hat jetzt die Chance, das Gegenteil zu beweisen.

Als ernst zu nehmender Partner, der mehr ist als eine ökonomische Zugewinngemeinschaft von mutlosen Pfeffersäcken.

Europa. Die Zukunft einer großen Idee

Gut 50 Jahre ist es her, da verfasste im damals kommunistischen Polen der Erzbischof von Wrozlaw/Breslau einen ungeheuer mutigen und weitsichtigen Brief und sandte ihn im Namen der polnischen Bischöfe an seine deutschen Amtsbrüder. Mitten im Kalten Krieg und in einer Gesellschaft, die am eigenen Leib die planvolle Zerstörung Polens und den organisierten Massenmord in Auschwitz, Treblinka und Sobibor durch Deutsche erlebt hatte, machte Kardinal Kominek mit den Worten »Wir vergeben und bitten um Vergebung« den ersten großen Schritt zur deutsch-polnischen Aussöhnung. Wenige Jahre später folgte der Kniefall Willy Brandts am Mahnmal des Warschauer Gettoaufstands.

Kominek entwarf in seinen Notizen zugleich ein gemeinsames Ziel: »Die Sprechweise kann nicht nationalistisch sein, sondern muss europäisch in der tief greifendsten Bedeutung dieses Wortes sein. Europa ist die Zukunft – Nationalismen sind von gestern.«

Dies zeigt, wie sehr sich Polen der europäischen Idee verbunden fühlte. Kardinal Kominek ist in Deutschland in Vergessenheit geraten und in Europa vermutlich noch weniger bekannt. Er hätte es verdient, in eine Reihe neben die Gründerväter Europas wie De Gasperi, Mansholt, Monnet oder Schuman gestellt zu werden. Und wir Deutschen würden unseren polnischen Nachbarn damit zeigen, dass wir sehr wohl wissen, Europa wird nicht am deutschen Wesen genesen, sondern nur am gemeinsamen Willen aller, die politische Einigung als die größte zivilisatorische Errungenschaft in der Geschichte unseres Kontinents zu erhalten. Kardinal Komineks Worte sind eine Warnung an uns alle, nicht zurückzufallen ins »Gestern« des Nationalismus. Lange war diese Warnung nicht mehr so wichtig wie heute.

Europa erfährt eine der größten Belastungsproben seiner Nachkriegsgeschichte. Von einer »Zerreißprobe« ist nun oft die Rede. Und nicht zu Unrecht wird gesagt, dass sich gemeinsame Institutionen wie der Euro oder der Schengenraum gerade jetzt bewähren müssten. Dennoch zweifle ich, ob wir gut beraten sind, so oft und zunehmend alarmiert den Zerfall der Europäischen Union an die Wand zu malen. Zu viele gegenseitige Vorwürfe sind im Umlauf. Es werden zwischen den Staaten Ultimaten gestellt, die nichts bewirken außer der Verstärkung und Verfestigung nationaler Befindlichkeiten. Das Scheitern wird seit Jahren ziemlich viel beschworen: »Scheitert der Euro …«, »scheitert Schengen …«, »scheitert Dublin …«, und immer endet der Kassandraruf mit dem drohenden Scheitern Europas. Sprechen aber muss man darüber, dass Europa diese Bewährungsprobe meistern kann! Und denkt man an den Mut der Gründungsväter Europas als Vertreter der Nationen der Opfer, nur wenige Jahre nach dem Morden die Nation der Täter an den gemeinsamen Tisch zivilisierter Völker einzuladen, haben wir heute keinen Grund, kleinmütig zu sein.

Der erste Schritt ist eine Erinnerung, aus welchen Quellen die Europäische Union ihre ideelle Kraft bezieht. Es gilt, die durch die Streitigkeiten der Gegenwart verdeckten Grundlagen freizulegen und das Bewusstsein für die Werte Europas neu zu schärfen. Was vor Jahrzehnten als Antwort auf beispiellose Katastrophen galt, das hat noch immer volle historische Geltung und in jüngerer Zeit sogar wachsendes politisches Gewicht.

Zuerst: die Friedensfrage. Europa hat wie weltweit kaum ein anderer Raum gelitten unter der zerstörerischen Aggression des Nationalismus. Nach zwei totalitär geführten Weltkriegen mit ihren Millionen und Abermillionen Opfern war die europäische Einigung ein Aufatmen in Sicherheit und Verbundenheit. Sie war eine Antwort auf den Naziterror, auf den Vernichtungskrieg, auf den Völkermord. Die Sicherung des Friedens ist keine Erzählung aus lange vergangenen Zeiten. Neue nationalistische Propaganda, die in militärische Gewalt umschlägt, religiös verbrämter Terrorismus, Bürgerkrieg und Staatszerfall, aber auch die neuen geopolitisch motivierten Aggressionen an den Grenzen der Europäischen Union beweisen, wie sehr wir auf die Stabilität des Friedensprojektes Europa angewiesen sind.

Zweitens: das Freiheitsversprechen. Viereinhalb Jahrzehnte war Europa der im Kalten Krieg gespaltene Kontinent. Europa war gezeichnet durch eine von Mauer und Eisernem Vorhang zerrissene politische Geografie, die sich tief in die Köpfe eingeprägt hatte. Straßen, die im Niemandsland endeten, zerstörte Brücken, Stacheldraht und Selbstschussanlagen, eine Armee von Grenzsoldaten an den tödlichen Demarkationslinien zwischen Ost und West, demütigende Kontrollprozeduren im scharf reglementierten Grenzverkehr – das war bis 1989 der Alltag inmitten Europas. Nur Todesmutige setzten sich darüber hinweg und wagten die Flucht in die Freiheit. »Grenzverletzer« hießen sie in der Sprache der kommunistischen Diktatur.

Die couragierten Demokratiebewegungen Polens, Ungarns, der damaligen Tschechoslowakei und nicht zuletzt der Bürgerprotest in der DDR haben die Diktatur besiegt und die Öffnung der Grenzen ermöglicht. So erst konnte in Europa ein ungeteilter

Freiheitsraum entstehen, in dem die Menschen un-
bewacht und unbespitzelt zueinanderkommen können. So erst konnte aus der halben eine vollständige
Einigung Europas werden. Diesen berechtigten Stolz
der mittel- und osteuropäischen EU-Partner gilt es
anzuerkennen. Die europäische Integration ist ein
Akt der Selbstbehauptung der Freiheit, der Demokratie und der Menschenrechte gegen Willkürherr-
schaft und Unterdrückung. Sie schafft einen Bund
des Rechts. Auch dies ist keine Erinnerung an längst
überwundene Gefahren. Autoritäre Herrschaft findet
sich nicht mehr nur in den Geschichtsbüchern. Angriffe gegen die Unabhängigkeit der Gerichte und der
Medien oder Gängelung und Ausgrenzung von Minderheiten sind zurückgekehrt. Rechtsextreme Bewegungen stellen sich offen gegen die Menschen- und
Bürgerrechte. Das Freiheitsversprechen Europas ist
also von großer aktueller Bedeutung.

Drittens: das Ziel eines gerechten Wohlstands. Im
internationalen Wettbewerb der Wirtschaftssysteme
standen sich nie nur Markt- und Planwirtschaft gegenüber. Die Systemkonkurrenz war immer auch eine
zwischen dem harten Kapitalismus, der die Schere
zwischen Arm und Reich vergrößert, und einer sozial
eingebetteten Marktwirtschaft, die ökonomisch für
möglichst gleiche Rechte, für Sozialpartnerschaft, für
qualifizierte Arbeit und faire Teilhabe an der Wohl-
standsentwicklung sorgt. Europa kennt unterschied-

liche Ausprägungen des Sozialstaats. Und doch steht die Europäische Union als Ganzes im globalen Wettbewerb für einen eigenen Weg, der die falschen Gegensätze zwischen Markt und Staat, zwischen Produktivität und Lohnzuwächsen, zwischen Industrie und Umweltschutz überwindet. »Der europäische Traum«, den Jeremy Rifkin bewusst provokant vom amerikanischen abhob, verkörpert ein selbstbewusstes Gesellschafts- und Wohlstandsmodell, das keinen Menschen ausstößt und zurücklässt, Chancengleichheit organisiert und sich am Leitbild der sozialen Gerechtigkeit orientiert.

Wenn der demokratische Präsidentschaftsbewerber Bernie Sanders sagte, er wünsche sich die USA mehr wie Schweden, so war das mehr als ein rhetorischer Coup im Vorwahlkampf. Überall in der Welt gibt es Bewunderer dieses besonderen europäischen Weges – nur wir selbst sind uns dieses Schatzes nicht mehr richtig bewusst. Die düsteren Visionen des Wahlkämpfers Donald Trump, der die Stärke einer Gesellschaft offenbar am Triumph der Mächtigen über die Ohnmächtigen misst, sind ganz sicher das Gegenteil der europäischen Idee.

Viertens geht es um die Nachhaltigkeit des Wohlstands. Die seit Jahrzehnten geführten Diskussionen über die Grenzen des Wachstums und die ökologische Wende galten lange – um es offen auszusprechen – als europäische Spinnerei. Der Ausbau der erneuerbaren Energien in Deutschland sah im globalen Maßstab wie ein Spleen von Sandalenfreaks und Ökonerds aus. Dann aber wurde klar, dass wir von weltweiten Gefährdungen der natürlichen Lebensgrundlagen sprechen. Entwicklungs- und Schwellenländer leiden unter den Kosten eines ruinösen Naturverbrauchs. Heute ist die europäische Positionierung beim globalen Klimaschutz vorbildlich. Das industrielle Potenzial, der Vorsprung bei Effizienztechnologien und die Systemkompetenz bei erneuerbaren Energien, die wir uns erworben haben, sind nicht nur ein wirtschaftlicher Wettbewerbsvorteil. Sie zeigen, dass Europa mit einem nachhaltigen Wohlstandsmodell das Zeug für eine globale ökonomische Avantgarde hat.

Fünftens: Solidarität und Zusammenhalt. Nach den Weltkriegen haben andere Mächte die Geschicke der globalen Entwicklung bestimmt. Auch als die bipolare Ära der Supermächte vorbei war, haben sich die Machtverschiebungen zuungunsten Europas fortgesetzt. Im Zuge aufsteigender und bevölkerungsreicher Schwellenländer und einer expandierenden Globalisierung sind die Nationen Europas klein geworden. China und Indien mit einer wachsenden Milliardenbevölkerung, Russland als Rohstoffgroßmacht, der USA als bestimmender Digitalmacht kann nur noch ein geeintes und handlungsfähiges Europa auf Augenhöhe gegenübertreten. In unseren Begegnungen und Gesprächen hat mich der verstorbene Helmut Schmidt – ein großer Europäer – immer wieder daran erinnert. In seiner letzten Rede auf einem SPD-Bundesparteitag 2011 sagte er: »Wenn wir die Hoffnung haben wollen, dass wir Europäer eine Bedeutung für die Welt haben, dann können wir das nur gemeinsam. Denn als einzelne Staaten – ob Frankreich, Italien, Deutschland oder ob Polen, Holland oder Dänemark oder Griechenland – kann man uns am Ende nicht mehr in Prozentzahlen, sondern nur noch in Promillezahlen messen.«

In einem zweiten Schritt müssen wir klären, warum die sozialen, wirtschaftlichen und politischen Gegensätze innerhalb der EU objektiv größer geworden sind. Es braucht eine ehrliche Antwort auf die Frage, was da schiefgelaufen ist.

Es ist nun acht Jahre her, da sich die Folgen der internationalen Finanzmarktkrise zu einer Gefahr für den Fortbestand unserer gemeinsamen Währung ausgewachsen haben. Dies war eine einschneidende Zäsur. Die Bankenkrise hat zu einer Staatsschuldenkrise geführt. Die dadurch ausgelösten Verwerfungen haben überall die Realwirtschaften erfasst, die Investitionen gedrückt, die Arbeitslosigkeit erhöht und die Einkommen der privaten Haushalte ebenso sinken lassen wie die Steuereinnahmen des Staates. Jedoch mit einem entscheidenden Unterschied: In den ohnehin hoch verschuldeten Ländern der Eurozone ist der Schock nach wie vor nicht überwunden. Auch im neunten Jahr nach dem Crash der Finanzmärkte liegen die Investitionen weit unterhalb des Vorkrisenniveaus. Mehr als 21 Millionen Menschen in der EU sind arbeitslos. In der Eurozone lag die Arbeitslosenquote vor der Finanzkrise bei 7,5 Prozent, stieg bis 2013 auf 12 Prozent und liegt aktuell noch immer bei 10,1 Prozent. Nicht nur Spanien und Griechenland hatten im Herbst 2016 eine Jugendarbeitslosigkeit von 42–43 Prozent. Auch in Italien liegt diese bei fast 38,8 Prozent und selbst in Frankreich bei rund 25 Prozent. Die im Gegenzug zu den Schuldenhilfen der Eurogruppe vollzogenen Kürzungen in den Haushalten der sogenannten Programmländer hatten durchaus harte Einschnitte bei der sozialen Sicherheit zur Folge. Im selben Zeitraum hat sich Deutschland rasch vom Konjunktureinbruch erholt und eine gegenläufige Entwicklung erlebt mit stetig gutem Wachstum, historisch niedriger Arbeitslosigkeit, steigenden Reallöhnen und einem moderaten Ausbau von Sozialleistungen. Mit dieser Ungleichheit der Zumutungen und der Erfolge wächst auch die gegenseitige Verständnislosigkeit. Selbst zwischen den Kernländern Deutschland und Frankreich ist eine Schieflage entstanden. Das sollte Anstoß genug sein, um über unseren eigenen Umgang mit der wachsenden Kluft zwischen Arm und Reich in Europa nachzudenken.

Wo die ökonomische Basis brüchig wird, trägt eben auch der ideelle Überbau nicht mehr. Neben dem Demokratieversprechen war es das Wohlstandsversprechen, das Europa für alle attraktiv gemacht und die Vertiefung und Erweiterung der europäischen Integration immer wieder angetrieben hat. Ein wirtschaftlich starkes Europa genießt auch politische Autorität. Inzwischen aber wenden sich zu viele ab und glauben besser dazustehen, wenn sie den nationalen Alleingang wählen. Es ist absurd: Die Finanzschwachen sind nicht überzeugt, dass ihnen die europäischen Hilfen wirklich helfen. Sie haben auch mit der Austeritätspolitik, die von Deutschland und von Europa ausging, schlechte Erfahrungen gemacht. Die Stärkeren fühlen sich über Gebühr in Anspruch genommen, weil die Programme nicht so funktioniert haben, wie versprochen wurde. Die Bürger der verschuldeten Länder sehen sich bevormundet und schlecht behandelt, während bei denen in den Überschussländern die Wut wächst, immer neue Kredite hergeben zu müssen. Dabei werden Erfolg und Misserfolg nicht der (auferlegten) Wirtschaftspolitik, sondern der Tüchtigkeit der Staaten – manchmal sogar dem »Volkscharakter« – zugesprochen und damit alte Vorurteile wiederbelebt. Daraus kann kein neues Bewusstsein für den Wert der Solidarität entstehen.

Ein Hinweis auf den Charakter der Euro-Finanzhilfen muss in der Tat erlaubt sein. Von den weit mehr als 200 Milliarden Euro Hilfen an Griechenland zwischen 2010 und 2015 ist der weitaus größte Teil, rund 145 Milliarden Euro, an internationale Gläubiger gegangen, um alte Kredite abzulösen. Die haben die Steuerzahler der Geberländer geliefert. So steht es in allen Zeitungen. Richtig ist: Für diese 145 Milliarden wird letztlich von den Steuerzahlern der Geberländer gebürgt. Gezahlt haben sie bisher nicht, vielmehr haben die griechischen Steuerzahler dafür Zinsen an den deutschen Staat überwiesen. Deutschland verdient also derzeit an der griechischen Krise!

Zur Ehrlichkeit gehört deshalb festzustellen, dass diese große Summe im Schuldenkreislauf verblieben ist und kaum zu einem ökonomischen Neustart in Griechenland beigetragen hat. Einen anderen Anschein sollten wir nicht erwecken. Wir mobilisieren Milliarden über Milliarden Euro an Rettungskrediten, um das europäische Finanzsystem zu stabilisieren. Aber wir schaffen es nicht, die normalen und realen wirtschaftlichen und sozialen Bedingungen der Menschen in den Ländern zu verbessern, die Empfänger dieser Hilfen sind. Einerseits, weil die finanziellen Hilfen eben gerade nicht hauptsächlich dem Aufbau von Wirtschaft und Beschäftigung dienen, andererseits, weil es bis heute nicht gelungen ist, die staatlichen Strukturen der Länder so zu verbessern, dass auch höhere private Investitionen angeregt werden. Dieser Umstand ist für die Bürger aller beteiligten Länder irritierend und lässt den Unmut über die europäische Rettungspolitik bei Gebern ebenso wie bei Nehmern wachsen. Wenn wir diese Politik nicht ändern, wird sie den Zerfallsprozess Europas eher beschleunigen als den betroffenen Ländern zu Wachstum und Arbeit verhelfen.

Deshalb war es richtig und geboten, dass wir im Sommer 2015 das Bekenntnis zum Verbleib Griechenlands im Euro verbunden haben mit einer deutlichen Veränderung des Rettungsprogramms. Investitionen, Wachstum und gerechte Lastenverteilung haben größeres Gewicht bekommen. Das Programm fordert nicht nur, dass Griechenland seine Staatsfinanzen weiter sanieren muss, sondern erkennt auch an, dass ein Land in einer tiefen Rezession durch unrealistische Haushaltsziele in die Knie geht. Die Anpassung der Sparziele an die realen Möglichkeiten ist wichtig und muss fortgesetzt werden. Wir müssen weiter darauf zielen, den Teufelskreis zwischen untragbar hohen Altschulden und Rezession zu durchbrechen. Wenn die griechische Regierung jetzt weiter ernst macht mit dem Reformkurs, dann müssen wir Wege finden, die griechischen Schulden weiter zu reduzieren.

Es war zum Beispiel mehr als unfair, der griechischen Regierung vorzuwerfen, dass sie überraschend gute Entwicklungen in ihrem Staatshaushalt auch dazu nutzt, den ärmsten ihrer Rentner etwas Erleichterung

durch eine kleine Rentenerhöhung in Form einer ein-
maligen Sonderzahlung zu Weihnachten zu geben.
Wenn Kritiker aus den konservativen Parteien Europas das zum Anlass nehmen, die gerade erst beschlos-
senen Schuldenerleichterungen einzufrieren, obwohl
sie ansonsten alle internationalen Auflagen einhalten,
zeigt das nur, worum es ihm geht: die linke Regierung
Griechenlands doch noch in die Knie und zum Aus-
tritt aus dem Euro zu zwingen. Angesichts des Aus-
tritts des Vereinigten Königreichs aus der EU und
der insgesamt angespannten Situation Europas ist das
nicht nur ein böses Spiel mit den Menschen in Griechenland, sondern vor allem ein Spiel mit dem Feuer
für ganz Europa und damit auch für Deutschland –
aus parteipolitischem Interesse. Eine Rückkehr in mo-
natelange Unsicherheit wie 2015 ist das Letzte, was Europa und Deutschland jetzt gebrauchen können.

Griechenland braucht dringend eine Schuldener-
leichterung, etwa durch längere Laufzeiten und Zins-
nachlässe und auch dadurch, dass man realitätsferne
Auflagen beendet, die der griechischen Wirtschaft
und damit auch den Gläubigern schaden. Griechenland ist möglicherweise in der Lage, für die kommenden zwei bis drei Jahre 3,5 Prozent Haushaltsüberschuss vorherzusagen. Aber eine Verpflichtung, dies
für zehn Jahre zu tun und bei Nichteinhalten dras-
tische weitere Sparmaßnahmen bereits jetzt durchzusetzen, wäre finanzpolitische Voodoo-Ökonomie.

Selbst in Deutschland kann man solche Vorhersagen über eine Dekade nicht treffen. Und wer nach all den drastischen Sparmaßnahmen von Griechenland im vorauseilenden Gehorsam noch drastischere Instrumente gegen die eigene Bevölkerung verlangt, will nur die Regierung stürzen. Denn gegen das, was die derzeitige Regierung von Alexis Tsipras bereits auf deutschen und europäischen Druck durchgesetzt hat, war die deutsche Agenda 2010 ein laues Sommerlüftchen. Vieles war angesichts des katastrophalen Zustands der griechischen Politik, Verwaltung und Wirtschaft nötig. Aber den Bogen immer weiter zu spannen, heißt nur, im nächsten europäischen Land die Rechtsradikalen in die Regierung zu führen.

Übrigens zeigt die deutsche Erfahrung, dass unangenehme Reformmaßnahmen nur gelingen, wenn zeitgleich nicht auch die Sparschraube weiter angezogen wird, weil damit nur das wirtschaftliche Wachstum ausgebremst würde. Die eben zitierte Agenda 2010 verband Reformmaßnahmen mit einer Überschreitung der europäisch eigentlich zulässigen Staatsverschuldung. Hätten damals auch noch 20 Milliarden Euro eingespart werden müssen, wären die bei Forschung und Entwicklung, Infrastruktur, Bildung und innerer Sicherheit zusammengekürzt worden. Genau das hätte aber den Widerstand in der Bevölkerung noch mehr erhöht und zudem das Wachstum verlangsamt und die Arbeitslosigkeit vergrößert. Die damalige Regierung aus SPD und Bündnis 90/Die Grünen verband deshalb die Reformmaßnahmen mit dem Gegenteil: mit Investitionen in Bildung, Forschung und erneuerbare Energien – zulasten einer zeitweilig zu großen Staatsverschuldung. Im Ergebnis kam Deutschland reformiert und stärker aus der Finanzkrise heraus als alle anderen Länder und hat heute Wachstum, sinkende Arbeitslosigkeit, ausgeglichene Staatshaushalte und sinkende Schulden. Es ist schwer zu verstehen, warum wir diese deutsche Erfahrung unseren Ländern in Südeuropa verweigern. Niemand fordert, einfach die Schulden zu erhöhen. Kein Land käme damit aus der Krise – erst recht nicht Griechenland. Aber wer innere Reformen beginnt – wie Italien, Portugal, Frankreich oder auch Griechenland –, dem sollten finanzielle Hilfen zuteilwerden statt Auflagen für neue Sparrunden.

Denn immer weitere Einkommenskürzungen bringen die betroffenen Länder nicht auf einen Wachstumskurs, sondern senken die Nachfrage ebenso wie das Bruttosozialprodukt und können durch den damit verbundenen sozialen Protest in dem schon so lange gebeutelten Land zur Unregierbarkeit führen. Angesichts dieser Lage wirkt im Übrigen auch die wöchentliche Mahnung Deutschlands und der Europäischen Union, Griechenland möge doch mehr für die Sicherung der EU-Außengrenzen tun, um den Zuzug von illegaler Migration zu stoppen, fast schon zynisch.

Ich weiß, dass diese Politik gerade in Deutschland leicht zu verhetzen ist. Die konservative und erst recht die rechtspopulistische Propaganda dagegen lautet: nicht noch mehr Geld der deutschen Steuerzahler für die »faulen Südeuropäer«. Aber die Wahrheit ist: Deutschland ist nicht nur der große politische und wirtschaftliche Gewinner der europäischen Einigung, denn Millionen Menschen finden bei uns nur deshalb Arbeit, weil der Rest Europas unsere Autos, unseren Maschinenbau und vieles andere mehr kauft. Sondern Deutschlands Zukunft hängt in der völlig veränderten Welt davon ab, dass Europa zusammenbleibt. Und dafür werden wir einen Teil unseres Wohlstands auch in Europa investieren müssen.

Ein Instrument dafür wäre ein eigenes Euro-Gruppen-Budget, das sich aus den Einnahmen der Besteuerung der Finanzmärkte finanziert. Schließlich sind es eben diese Finanzmärkte, die am meisten von den staatlichen Rettungsprogrammen in der Finanzkrise profitiert haben. Die Mitgliedstaaten der Währungsunion, die Korruption nachhaltig bekämpfen, eine funktionsfähige öffentliche Verwaltung und transparente Steuersysteme aufbauen, die in Bildung investieren oder andere notwendige Reformmaßnahmen anpacken, sollten von diesem Euro-Gruppen-Budget profitieren, z.B. in Form von Fördermitteln und Infrastrukturinvestitionen. Und statt alle paar Jahre erneut um die Reduzierung des EU-Haushalts und damit der deutschen Nettozahlerposition zu kämpfen, sollte die nächste Bundesregierung für eine Erhöhung eintreten. Allerdings nicht bedingungslos: Im Gegenzug müssen andere europäische Mitgliedsstaaten bereit sein, unfaire Praktiken wie die des Steuerdumpingwettbewerbs zu beenden.

Mehr in Europas Zukunft zu investieren, liegt in unserem eigenen wohlverstandenen Interesse. Es geht um weit mehr als um Geld. Es geht um die Zukunft des größten Zivilisationsprojekts des 20. Jahrhunderts: die europäische Einigung. Kanzler wie Helmut Schmidt oder Helmut Kohl wussten das. Sie kannten die Vergangenheit zu gut, um kurzfristige nationale Interessen über das gemeinsame europäische Interesse zu stellen. Wenig davon ist heute in der Union sichtbar. Die Verteufelung vernünftiger Solidarität als eine sogenannte Transferunion, die von CDU und CSU so gerne an die Wand gemalt wird, ist eine finanzielle Lüge, wirtschaftlich schädlich und politisch geradezu gefährlich. Eine finanzielle Lüge ist es, weil die Transferunion längst existiert – und zwar durch die massive geldpolitische Intervention der Europäischen Zentralbank. Denn für das Überschwemmen des europäischen Finanzmarktes mit Geld haften die Mitgliedstaaten der Eurozone schon heute – an allererster Stelle Deutschland. Die Transferunion existiert also bereits mit heimlicher oder ausdrücklicher Duldung aller europäischen Regierungschefs – nur dass dafür der EZB-Präsident Draghi den Kopf hinhalten muss und nicht die deutsche Bundeskanzlerin Angela Merkel. Der Nachteil ist allerdings, dass dieses Geld ohne jede Bindung an vernünftige Reformen und vor allem ohne jede Steuerung hin zur Schaffung von Wettbewerbsfähigkeit, nachhaltigem Wachstum und Arbeitsplätzen ausgegeben wird. Das könnten nämlich nur die Staats- und Regierungschefs in Zusammenarbeit mit den Institutionen der EU gewährleisten. Dann aber hätten sie die Verantwortung, die sie in Wahrheit scheuen.

Wirtschaftlicher Unsinn ist es, weil Deutschland seine Produkte zu 60 Prozent in die EU und zu 44 Prozent in die Eurozone exportiert. Nur wenn es den Menschen in diesen Ländern gut geht, können sie sich unsere Produkte leisten. Und teuer sind diese, weil sie gut sind, aber auch, weil wir im weltweiten Vergleich gute Sozialleistungen haben und behalten wollen und jetzt auch – anders als früher – höhere Löhne zahlen. Nach China exportieren wir z. B. nur 6 Prozent unserer Waren und Dienstleistungen. Es liegt also in unserem wirtschaftlichen Interesse, in Europa zu investieren.

Politisch gefährlich ist es schließlich, weil wir ja gerade sehen, dass die sozialen Verunsicherungen nur den Rechtsradikalen helfen. Ich habe die deutsche Bundeskanzlerin immer wieder gefragt, ob aus ihrer Sicht eigentlich 0,5 Prozent Defizit mehr in Frankreich teurer für Deutschland ist als eine Frau Le Pen als französische Präsidentin. Die Antwort ist sie mir schuldig geblieben.

Wir brauchen eine Schubumkehr in Europa: weg von der Politik der Desintegration, in der sich die Lebenserfahrungen zwischen Arm und Reich in Europa immer mehr auseinanderentwickeln, und hin zu der verbindenden Erfahrung, dass gemeinsamer Wohlstand in Europa wieder möglich wird. Wer neue Hoffnung in Europa will, muss Chancen schaffen, Schulen und Hochschulen bauen, die digitale Infrastruktur der Zukunft errichten, in Kommunen investieren und in die kleinen und mittleren Betriebe, damit Unternehmen wachsen, Arbeit und Einkommen ermöglichen. Was uns hilft, ist, das europäische Sternenbanner wieder öfter auf den Schildern und Anzeigen von Investitionsprojekten zu sehen und nicht mehr als Symbol des Sozialabbaus auf Protestkundgebungen. Wer Europa stärken will, der muss zugleich die Korruption bekämpfen und bei Steuerbetrügern die dicken Fische an den Haken bekommen. Demokratisch legitimierte und gesetzlich bestimmte Steuereinnahmen der öffentlichen Hand zu sichern, schafft Luft für Haushaltskonsolidierung und neue Investitionen. Wo Europa gemeinsam Druck macht, können wir vorankommen. Wir müssen also weiter auf eine europäisch abgestimmte Aktion gegen Steuerdumping, gegen Steuerbetrug und Steuervermeidung setzen.

Soziale Ungerechtigkeit und wirtschaftliche Misere sind es, die Europa geschwächt haben. Die Ungleichheit der wirtschaftlichen Entwicklung innerhalb der EU, verbunden mit schulmeisterlichen Vorhaltungen der nördlichen an die südlichen Eurostaaten, hat die politischen Spannungen und das gegenseitige Misstrauen erhöht. Die Flüchtlingsbewegung hat uns dann zu einem denkbar schlechten Zeitpunkt getroffen. Inmitten einer jahrelangen Vertrauenskrise der europäischen Integration sind wir konfrontiert mit der größten humanitären Bewährungsprobe Europas seit dem Ende des Zweiten Weltkrieges.

Deutschland trägt unbestritten die größten Kosten bei der Aufnahme und Versorgung von Flüchtlingen. Das hat nicht an erster Stelle damit zu tun, dass wir alle Menschen zu uns eingeladen hätten, sondern resultiert vielmehr daraus, dass wir als eines der wirtschaftlich stärksten Länder auch der größte Magnet geworden sind. Doch auch die stärksten Länder können eine solche Herausforderung nicht allein stemmen. Auch wir machen jetzt die Erfahrung, dass wir auf die politische Unterstützung anderer EU-Partner angewiesen sind, und wir brechen uns keinen Zacken aus der Krone, wenn wir das offen zugeben.

Wir brauchen mehr Ehrlichkeit und Aufrichtigkeit in der Debatte. Ein Ausschluss eines Mitgliedstaates aus dem Schengenraum ist eine Scheinlösung, die die europäische Debatte vergiftet. Man kann nicht einfach Europas Außengrenzen neu definieren und das noch über den Kopf betroffener Staaten hinweg. Wir müssen stattdessen an der Umsetzung unserer europäischen Beschlüsse mit Nachdruck arbeiten und das Vertrauen unserer Länder ineinander wieder stärken: Lückenlose Registrierung, ausreichende Unterbringungskapazitäten und geordnete Verteilung sind notwendig.

Das wird letztlich nur freiwillig gelingen. Geflüchtete Menschen gehen freiwillig nur dorthin, wo sie Arbeit, Unterbringung, Bildungs- und Familieninfrastrukturen finden können. Wir sollten mehr finanzielle Mittel der EU an Kommunen geben, um sie in die Lage zu versetzen, Flüchtlinge aufzunehmen und zu integrieren. Dazu gehören dann auch Zuwendungen an die Kommunen, die ihnen erlauben, die Infrastruktur aufzuwerten, nachhaltiges Wachstum und Arbeitsplätze für alle zu schaffen. So könnte es gelingen, die »Flüchtlingskrise« zur Chance für wirtschaftliches Wachstum und kommunale ökonomische wie kulturelle Entwicklung zu machen. Das würde der EU guttun.

Ich bin der festen Überzeugung, dass uns in der Flüchtlingspolitik ein Neuanfang gelingen kann. In der Eurokrise haben wir es bei allen Problemen geschafft, die existenzielle Gefährdung für das europäische Einigungswerk abzuwenden. Dieser Erfolg war möglich, weil wir die Eurokrise als europäische Herausforderung verstanden und europäische Antworten gegeben haben, statt der Versuchung nationaler Alleingänge zu erliegen. Und in der Ukraine-Krise haben stellvertretend für Europa Deutschland und Frankreich mit dem Friedensabkommen von Minsk erstmals einen eskalierenden Konflikt zwar nicht gelöst, aber doch massiv eingedämmt – ohne die USA, die damals kurz davor waren, Waffen in die Ukraine zu liefern. Mit der zynischen Idee, dass Russland zwar militärisch nicht zu besiegen, aber bei hohem »Blutzoll« schneller zu Friedensverhandlungen zu bewegen sei. Aus dem Krieg in der Ukraine wäre ein Krieg um die Ukraine geworden. Europa war erwachsen genug, um das vorherzusehen und Deutschland und Frankreich für sich handeln zu lassen. In der Flüchtlings- und Migrationskrise steht dieser Kraftakt einer europäischen Lösung aus. Wir haben Milliardenfonds zur Rettung von Banken gegründet. Warum soll das eigentlich für die Rettung von Menschen nicht möglich sein?

Wir brauchen eine Erneuerung des europäischen Einigungsgedankens, die zwei Aufgaben miteinander verbindet: die wirtschaftliche Erholung der EU mit der Bereitschaft aller Mitgliedstaaten zu Lastenausgleich und Solidarität sowie die Bekämpfung der viel zu hohen Arbeitslosigkeit mit einer gemeinsamen Asyl- und Flüchtlingspolitik. Solange Deutschland nur die Solidarität bei der Flüchtlingsaufnahme einfordert, aber nicht bereit ist, mehr als bisher in Wachstum und Beschäftigung in Europa zu investieren, wird auch uns niemand helfen. Nur beides zusammen wird uns aus der politischen Blockade herausführen. Deutschland muss seine Europapolitik grundlegend ändern. Es muss sich zu einer solidarischen Finanzpolitik in der Europäischen Union bekennen. Einerseits zur Erhaltung der in der zweiten Hälfte des 20. Jahrhunderts in Europa erreichten Fortschritte der europäischen Einigung, die sonst verloren gehen werden. Und andererseits zur internationalen Einflussnahme auf die überfällige Reregulierung der Finanzmärkte. Wenn unser Land dazu den Mut nicht aufbringt, laden wir historische Schuld auf uns, denn dann wird die Europäische Union zerbrechen. Unsere Kinder und Enkel würden die Rückkehr von Nationalismus und Kriegsgefahr erleben, für deren Bannung so viele Menschen in Europa Jahrzehnte gekämpft und gearbeitet haben.

Aus der Präambel der Römischen Verträge stammt die Bestimmung der europäischen Einigung zur »ever closer union«. Eine immer engere Union der Völker Europas anzustreben, ist heute umstritten. Dagegen kommen wir mit gegenseitigen Vorwürfen und Belehrungen nicht an. Die Erinnerung an unsere historischen Erfahrungen und an die Erfolge eines geeint handelnden Europas ist wichtig und notwendig. Aber auch das wird nicht ausreichen. Was wir im Kern brauchen, ist eine Politik, die im Alltag der Menschen wieder erfahrbar macht, dass Solidarität und Zusammenhalt allen nutzen. Dafür dürfen wir die Sprache des Respekts zwischen den europäischen Nationen nicht verlernen. Und wir müssen uns wieder – wie die wegweisenden Europäer vor uns – in der Kunst des Interessenausgleichs üben.

Deutschland hat dabei als größtes Mitgliedsland der Europäischen Union eine eigene und hohe Verantwortung. Wir dürfen aber nicht in Versuchung geraten, uns zur Übernahme der Führungsrolle in Europa in praktisch allen Bereichen verführen zu lassen. Berlin ist heute zwar für viele Länder erster Ansprechpartner in der EU. Wir Deutschen dürfen aber keinen Schmeicheleien erliegen. Wir Deutschen sind in Europa am Ende nur stark, wenn wir nicht den »Klassensprecher« mimen, sondern die Sorgen anderer, gerade der kleineren Mitgliedsstaaten, zu unseren Sorgen machen. Auch in der Berliner Republik sollte diese Lehre der Bonner Republik nicht vergessen werden.

Wir Deutschen müssen den Regierungen außerhalb Europas klarmachen, dass es keinesfalls so ist, dass man sich nur mit den Deutschen einigen müsse, um mit den Europäern einig zu sein. Deutschland ist nicht die Führungsnation für die kleineren Mitgliedsstaaten. Im Gegenteil: Wir wissen aus unserer europäischen und deutschen Geschichte, dass man die

»Kleinen« stärken muss, um das Große und Ganze zusammenzuhalten. Hunderte Jahre europäischer Konflikte waren immer auch der Konflikt zwischen Peripherie und Zentrum. Erst die Europäische Union hat das beendet. Gegenüber den Großen – den USA, China und Russland – müssen wir klarmachen, dass wir Europäer nicht Deutschland plus einige Kleine sind, sondern Europa sind viele Große und Kleine, die zusammenhalten.

In diesem Verständnis ist auch die ständig wiederholte Forderung nach einer »aktiveren Rolle« Deutschlands eine missverständliche Botschaft. Besser wäre es, von einer »aktivierenden« Rolle Deutschlands zu sprechen. Wir wollen mit unseren EU-Partnern gemeinsam agieren, Stärken in Europa stärken und Schwächen gemeinsam abbauen. Dafür können und sollten wir unsere eigene Stärke und Stabilität einsetzen.

Wie wir Europa stärken können

Wenn man angesichts der divergierenden Entwicklungen in den Mitgliedsstaaten Europas nach Klammern für neue Gemeinsamkeit sucht, dann landet man überraschend schnell bei der Verteidigungs- und Sicherheitspolitik. Nicht zuletzt Russland hat dafür gesorgt, dass die Frage gemeinsamer Landesverteidigung wieder oben auf der europäischen Agenda steht. Sorgen muss man sich machen, dass dies nicht im Zusammenhang stetig wachsender Gemeinsamkeit in der Außenpolitik geschieht, sondern dass sowohl mit Blick auf Russland, China, die USA oder Nordafrika sehr unterschiedliche Sichtweisen die jeweiligen nationalen Außenpolitiken in Europa prägen. Nur zwei Beispiele aus den letzten Monaten: Sechzehn mittel- und osteuropäische Länder – nicht alle Mitglieder der EU – haben eine gemeinsame Gruppe mit China gebildet, die sich vor allem mit wirtschaftlichen Perspektiven befasst. Die Gruppe trägt den Namen »16 plus 1«. Als es vor Kurzem darum ging, ein internationales Gerichtsurteil gegen China im Streit mit den Philippinen um eine Inselgruppe im südchinesischen Meer zu begrüßen, war keine Beschlussfassung im Rat der EU-Außenminister möglich. China hatte offenbar zuvor erfolgreich bei einer Reihe der EU-Mitgliedsstaaten, die zugleich der genannten Gruppe angehören, interveniert. Übrigens heißt die Gruppe in China »1 plus 16«.

Das zweite Beispiel betrifft die Forderung der sogenannten »Zwei-Staaten-Lösung« für den Konflikt zwischen Israel und den Palästinensern. War es bis vor Kurzem noch relativ klar, dass die EU hinter der Zwei-Staaten-Lösung steht und deshalb den Siedlungsbau Israels deutlich kritisiert, scheint dies nun, seitdem die USA ihre Haltung dazu unter der neuen Administration möglicherweise ändern, nicht mehr gegeben zu sein. Was soll man von einer Europäischen Union aber erwarten, die eine derart divergierende und offenbar auch opportunistische Außenpolitik formuliert? Weder China noch die USA noch Russland werden davor allzu großen Respekt haben. Das muss sich ändern.

Man muss die Frage stellen: Sind wir als Europäer, genauer gesagt als Europäische Union, eigentlich weltpolitikfähig? Oder gar: Sind wir mit unseren Handlungsstrukturen und unserem Politikverständnis anschlussfähig und kompatibel mit der Welt?

Das mag auf den ersten Blick für überzeugte Anhänger unserer Europäischen Union provokativ klingen. Sind wir doch in vielerlei Hinsicht – vom Klimaschutz bis zu den UN Development Goals – in praktisch alle multilateralen Prozesse eingebunden. Und trotzdem scheint mir die selbstkritische Frage, ob wir Europäer anschluss- und gestaltungsfähig sind, in gewisser Hinsicht berechtigt. Ehrlich gesagt, ich bin nicht restlos davon überzeugt. Und das soll keineswegs eine Anklage sein. Die EU ist nicht als ein weltpolitischer Akteur konzipiert worden. Sie sollte Frieden und Wohlstand für ihre Mitglieder schaffen. Und sie hat diese Aufgabe über Jahrzehnte hervorragend erfüllt und das mit einer stark wachsenden Zahl der Mitglieder. Die Erweiterungen – insbesondere die letzte und größte nach Osten – hatten schon weltpolitische Qualität, denn sie war gerade nicht im Wesentlichen ökonomisch begründet, sondern natürlich auch eine geopolitische Entscheidung. Die Osterweiterung der EU sandte an unseren großen Nachbarn Russland das Signal, dass die neuen Mitgliedsstaaten ihr Recht auf Selbstbestimmung und freie Bündniswahl – ein Recht, das ihnen Russland in den 1990er-Jahren ausdrücklich zugestanden hatte – ausüben und die Westbindung als Grundrichtung ihrer Entwicklung unumkehrbar machen wollten.

Grundsätzlich aber beinhaltete auch die Osterweiterung der EU ein Echo auf den Kalten Krieg: Europa hatte in der Zeit des Kalten Krieges eine Rolle im Ost-West-Konflikt zu spielen und das unter den amerikanischen Auspizien. Um den Rest der Welt kümmerten sich die Vereinigten Staaten selbst.

Das war eine Arbeitsteilung, die alle, vor allem die Europäer, glücklich machte. Wir konnten weltpolitische Rivalitäten, die uns in der Vergangenheit Zerwürfnisse gebracht hatten, vermeiden und dabei noch Geld sparen. Manche Europäer leiteten daraus sogar ein Gefühl der eigenen moralischen Überlegenheit ab, insbesondere auch gegenüber den USA. Das war sozusagen unser eigener europäischer Exzeptionalismus – ein ganz anderer als der amerikanische. Der »american exceptionalism« beruhte auf der Überzeugung, dass ein Land, welches das beste Modell geschaffen hatte, dieses der ganzen Welt zur Verfügung stellen sollte. Wir Europäer glaubten auch, dass unser Modell das beste sei, aber wir wollten es niemand anderem empfehlen oder gar mit Gewalt aufdrücken. Im Gegenteil: Unser Modell lebte davon, dass wir es gegen den Rest der Welt schützten. Deshalb gibt es bis heute keine gemeinsame Idee Europas für unser Verhältnis zu Afrika. Diese entsteht langsam erst jetzt, wo Afrika zu uns kommt. Vor allem Deutschland hat lange von dieser Art Ausschluss von der Welt profitiert, zum Beispiel indem das Dublin-Abkommen und die darin enthaltenen Asylverfahrensregelungen die Bundesrepublik als Nicht-Anrainerstaat des Mittelmeers in einer geradezu unanständigen Weise bevorzugte. Und auch die massiven Widerstände gegen Freihandelsabkommen zeugen von diesem europäischen »exceptionalism«, der die Welt gern von der eigenen Tür fernhalten möchte.

Machen wir uns nichts vor: Diese Instinkte der Abschottung von der Welt wirken bis heute. Sie sind verständlich, aber sie sind vor allem gefährlich. Francis Fukuyama hatte recht, als er in seinem Buch »The Origins of political order« schrieb : »Political decay occurs when political systems fail to adjust to changing circumstances. There is something like a law of conservation of institutions.«

Wir haben den Wechsel von der alten zu der neuen, sich stets verändernden Weltordnung noch nicht geschafft. Wir sind durch den Fall des Eisernen Vor-

hangs der Außenwelt viel näher gerückt. Die Flücht-
lings- und Migrationsströme vor allem aus Nordafrika,
Syrien oder Afghanistan sind nur ein Beispiel dafür.
Handelskonflikte mit Ländern wie China, von denen
wir Jahrzehnte dachten, sie seien vor allem Verkaufs-
märkte oder preiswerte Zulieferer, oder die Rückkehr
des Nationalismus in die internationale Politik sind
weitere Beispiele.

Die Begegnung mit dieser neuen und oft genug gefährlichen Außenwelt macht viele bei uns unsicher.
Wir neigen dazu, Abschottung zu wollen. Nicht wenige fühlen sich enttäuscht, dass die Europäische
Union sie nicht vor dieser bösen Welt, aus der Flüchtlinge kommen und die uns einem wachsenden wirtschaftlichen Wettbewerbsdruck aussetzt, schützen
kann oder will.

Aber wenn wir unsere neue Rolle in der Welt nicht
definieren und unsere Bürgerinnen und Bürger nicht
für diese neue Rolle gewinnen, ist unsere Zukunft
gefährdet. Dabei geht es nicht um den Ehrgeiz der
Politiker. Es geht vielmehr darum, dass in der Welt
von morgen unsere Kinder und Enkel nur die Wahl
zwischen keiner Stimme oder einer gemeinsamen
Stimme haben werden.

Wir haben ein System geschaffen, das das Risiko
eines Krieges unter uns Europäern praktisch ausge-
schlossen hat. Aber wir haben nicht gelernt, wie wir
mit der Realität der Kriege außerhalb der EU, im

Extremfall sogar in Europa selbst, erfolgreich umgehen. Wenn dieses Gefälle länger bestehen bleibt, können wir uns nicht mehr darauf verlassen, die Gefahr des Krieges von uns fernhalten zu können.

Ich halte nichts von Kulturpessimismus. Krieg und Frieden sind keine Jahreszeiten, die aufeinander folgen. Und wir treten nicht einfach wieder in die Jahreszeit der Kriege ein. Wir Europäer müssen allerdings lernen zu verstehen, dass wir nur Teil einer Welt sind, in der Kriege leider nach wie vor zu den Instrumenten der Politik gehören. Und dass wir dieser in Teilen unfriedlichen und gewaltbereiten Welt nicht durch den Versuch der Abschottung gegen sie entgehen werden.

Angst ist ein deutsches Wort, das in viele Sprachen der Welt eingegangen ist. Aber ich kann mit voller Überzeugung sagen: Unsere Politik ist nicht »angstdriven«, auch wenn wir verständlicherweise besorgt sind. Wir sind und wir bleiben ein nüchternes Volk, kein Volk von Romantikern oder Kulturpessimisten. Ich glaube, unsere Nachbarn und Partner können darüber froh sein.

Ich schreibe das, weil mir bewusst ist, dass wir in Europa eine Vertrauenskrise haben. Das ist kein psychologisches Phänomen, das wir einfach nur zur Kenntnis nehmen können. Es ist eine politische Herausforderung, der wir uns stellen müssen. Die EU beruht auf einer Art institutionalisiertem Vertrauen.

Das heißt, selbst wenn es Probleme zwischen einzelnen politischen Führungspersönlichkeiten geben sollte, kann das Vertrauensverhältnis zwischen den Staaten durch diese Probleme nicht zerrüttet werden. Das ist übrigens auch einer der Vorteile der europäischen Integration gegenüber traditioneller Politik. Und es ist eine der größten Stärken der Europäischen Union, die wir nicht aufs Spiel setzen dürfen. Die Alternative ist ungezügelte Rivalität, die eine zerstörerische Kraft entwickeln kann.

Vertrauen kann allerdings nicht dadurch wiederhergestellt werden, dass wir uns in kleinere Gruppen zurückziehen. Ja, es gibt bereits heute in Europa unterschiedliche Geschwindigkeiten – oder sagen wir lieber – unterschiedliche Integrationsgrade. Die Staaten der Währungsunion des Euro haben einen höheren Integrationsgrad innerhalb der Europäischen Union als die Mitgliedsstaaten, die dem Euro nicht angehören. Ähnlich verhält es sich mit dem Schengener Grenzabkommen. Und so kann es auch in Zukunft weitere unterschiedliche Integrationsgrade geben, zum Beispiel in der Sicherheits- und Verteidigungspolitik.

Aber der Grundsatz muss bleiben: Die Europäische Union ist eine wertebasierte Gemeinschaft, eine Verantwortungs- und Pflichtgemeinschaft. Amputation ist keine akzeptable Behandlungsmethode. Weder gegenüber Griechenland in der Eurozone noch gegenüber Mitgliedsstaaten, deren innere politische Verfasstheit auf Kritik anderer Mitgliedsstaaten oder der europäischen Institutionen stößt.

Stattdessen müssen wir das innere Gleichgewicht der EU wiederherstellen, also die Gewissheit, dass kein Land sich als Verlierer sehen darf. Das erfordert eine Neubelebung der Verantwortungskultur auf der europäischen, aber vor allem auch auf der nationalen Ebene. Und es erfordert den Mut, über konventionelle Lösungen hinauszugehen.

Wir dürfen die Aufgabe, Europa zu überdenken, nicht denen überlassen, die es zerstören wollen. Wir sollten vor allem darüber diskutieren, was der Kern des europäischen Projektes ist, der verteidigt, gefestigt oder sogar neu geschaffen werden muss. Für mich entsteht ein *stärkeres* Europa vor allem durch eine engere Zusammenarbeit in folgenden fünf Bereichen:

(1) in einer stärker gemeinsam formulierten und getragenen europäischen Außenpolitik und in ihrer Folge (nicht ihr vorauseilend!) in einer gemeinsamen Verteidigungs- und Sicherheitspolitik

(2) in der gemeinsamen und nicht nur national verantworteten Sicherung der europäischen Außengrenzen. Gerade Deutschland hat in der Vergangenheit eben diese europäische Verantwortung für die Grenzsicherung verneint. Es muss aber von einer nationalen zu einer europäischen Aufgabe werden. Dazu gehört untrennbar eine europäische Flüchtlings- und Migrationspolitik.

(3) in einer gemeinsam getragenen Politik der inneren Sicherheit

(4) in der Wiederbelebung des Wohlstandsversprechens der Europäischen Union durch Investitionen in die Wettbewerbsfähigkeit, in Forschung, Bildung und Entwicklung und in die Schaffung von Arbeitsplätzen

(5) in der Weiterentwicklung des Binnenmarktes zu einer sozialen Marktwirtschaft, die neben unternehmerischer Freiheit und gleichen Wettbewerbsbedingungen auch mehr soziale Sicherheit und Verantwortung generiert. Dazu gehören übrigens auch faire Steuersysteme, denn wenn wir Europa stärken wollen, dann wird das auch Geld kosten. Und wer die Stärkung der gemeinsamen Verteidigungs- und Sicherheitspolitik nicht zum Verteilungskampf um die Mittel für Wachstum, Arbeit und soziale Sicherheit werden lassen will, der muss dafür sorgen, dass dem unseligen Steuerdumping in Europa Grenzen gesetzt wird. Eine Billion Euro geht der europäischen Politik nach Aussagen der EU-Kommission durch dieses Steuerdumping verloren. Ein Bruchteil dieser Summe würde ausreichen.

Sich auf diese Bereiche zu konzentrieren, heißt auch, in anderen Bereichen der Forderung nach mehr Subsidiarität und weniger Mikromanagement innerhalb der Europäischen Union nicht nur in Sonntagsreden nachzukommen. Wenn wir alles verteidigen wollen, was heute Europa ausmacht, stehen wir im Verdacht, nur den Status quo erhalten zu wollen und das wird uns nicht gelingen. Über die Frage, wo die Verteidigungslinien zu ziehen sind, muss mit aller Offenheit gesprochen, ja auch gestritten werden.

In diesem Zusammenhang geht es natürlich auch um unser Verhältnis zum Vereinigten Königreich. Ich bedauere die britische Entscheidung für den Brexit, aber wir müssen sie respektieren. Der Versuchung, Großbritannien zur Abschreckung zu »bestrafen«, müssen wir widerstehen. Nicht aus Mitleid, sondern aus Eigeninteresse.

Wir brauchen Großbritannien als Partner in der Sicherheitspolitik, weil alles darauf hindeutet, dass Sicherheitspolitik in Europa weiter an Bedeutung gewinnt. Und Großbritannien braucht uns. Denn allein auf die besondere Partnerschaft zwischen dem Vereinigten Königreich und den Vereinigten Staaten zu vertrauen, ist auch aus Sicht der Briten ein dünnes Eis. In wenigen Jahren wird die Mehrheit der US-amerikanischen Bürgerinnen und Bürger keine europäischen Vorfahren mehr haben. Die Bindungen nicht nur an Europa, sondern auch an Großbritannien werden auch dadurch lockerer. Es gibt also auch jenseits mancher irritierender Äußerungen aus der aktuellen amerikanischen Politik ausreichend rationale

Gründe, warum Europa mehr auf die eigenen Stärken bauen und sich weniger auf die US-amerikanische Führung verlassen sollte.

Nach 70 Jahren Führung durch die USA ist es nicht unbillig, dass Washington seine Rolle in der Welt und gegenüber Europa neu definiert. Da sollten wir Europäer nicht beleidigt reagieren. Unsere Aufgabe ist vielmehr, kein Vakuum entstehen zu lassen, sondern ein starkes und verantwortungsbereites Europa zu entwickeln.

Diese rationalen Gründe sind es, warum Europa jetzt nicht nur um amerikanische »commitments« bitten sollte: zur NATO, zu Europa, zur transatlantischen Wertegemeinschaft. Sondern wir Europäer sollten uns auch selbstbewusst klar machen, was *für uns* die NATO ist, welches Europa *wir* wollen und welche Interessen *wir* in einer transatlantischen Partnerschaft haben. Was wir den USA anzubieten haben, ist eine gemeinsame Interessenbestimmung, gemeinsame Prioritätensetzungen und die Entwicklung gemeinsamer Fähigkeiten, um auf unerwartete und ungeplante Ereignisse angemessen reagieren zu können, denen weder wir noch die USA sich entziehen können.

Diese Herangehensweise hat allerdings eine Voraussetzung: dass beide Seiten Interessen definieren und nicht eine Ideologie das außenpolitische Handeln bestimmt. Interessen mögen noch so unterschiedlich sein, Wege zum Interessenausgleich lassen sich immer finden. Feindliche Ideologien allerdings lassen sich nicht versöhnen. Um es an einem Beispiel aus der Handelspolitik zu illustrieren: Natürlich sind die wirschaftlichen Interessen Chinas und Asiens andere als die der USA oder Europas. Handelsverträge, die Schiedsbarkeit der WTO und im Zweifel auch handelspolitische Schutzinstrumente stellen uns aber einen Instrumentenkasten zur Verfügung, um diese Interessen wenn auch nicht in Einklang zu bringen, so doch die Konflikte zu begrenzen und dem wirschaftlichen Wettbewerb Regeln zu geben.

Wenn es allerdings nicht um Interessen geht, sondern die Politik getrieben wird von ideologischen Vorstellungen über nationale Hegemonie und ethnische Homogenität, dann kann kein Interessenausgleich gelingen. Denn der jeweils andere ist dann ein Feind, den es zu bekämpfen gilt. Mit Mauern, Einwanderungsverboten und notfalls mit Mitteln der militärischen Gewalt. In einem solchen Fall würde auch Europa zum Feind. Denn seine Idee vom Zusammenleben entspringt dem genauen Gegenteil von nationaler Hegemonie und ethnischer und kultureller Homogenität. Es ist nach dem Zweiten Weltkrieg als Gegenentwurf dazu gegründet worden.

Deshalb gibt es etwas in der amerikanischen Politik, das neu und besorgniserregend ist, von dem wir aber noch nicht wissen, ob es sich wirklich durchsetzt: Während sich die EU als eine Wertgemeinschaft etablierte, die ein ambivalentes Verhältnis zur Macht hatte, schaffte es Amerika, Werte und Macht in der Eigenwahrnehmung weitgehend in Einklang zu bringen. Und wenn ich mich frage, woher die Faszination für Amerika auch in meiner Generation kommt, obwohl wir zu den härtesten Kritikern der US-Interventionspolitik in Vietnam, Chile, Nicaragua oder im Irak gehörten, dann sind es gewiss nicht nur Coca Cola oder Rock'n'Roll, die uns mit den USA immer wieder versöhnten, sondern am Ende ist es diese Idee von Freiheit und Demokratie, die dieses Land trotz allem zu einem Kompass für uns werden ließ.

Wir können deshalb nur hoffen, dass dieses Gleichgewicht in der amerikanischen Politik erhalten bleibt. Sollte Amerika seinen Glauben an die gemeinsamen westlichen Werte verlieren, dann haben wir mit einem dramatischen Koordinatenwechsel in der Weltpolitik zu tun. Ich will nicht verheimlichen, dass das Europa in große Bedrängnis bringen würde.

Wenn man in diesem Zusammenhang an manch anti-europäische Propaganda in den USA denkt, dann muss man an einige Fakten aus der Geschichte erinnern. Die EU ist nicht als eine antiamerikanische Intrige entstanden, wie das scheinbar einige Ideologen in den USA postfaktisch unterstellen. Im Gegenteil, die Europäische Union wäre ohne amerikanische Unterstützung wohl kaum möglich geworden. Vor 70 Jahren haben die Vereinigten Staaten den Marshall

Plan beschlossen. Er war das Ergebnis der Überlegung, dass ein prosperierendes und friedliches Europa im amerikanischen Interesse lag.

Der östliche Teil des Kontinents durfte dieses großzügige Angebot nicht annehmen. Die Sowjetunion hatte eben kein Interesse an einem geeinten Europa. Zehn Jahre später wurde die Europäische Wirtschaftsgemeinschaft ins Leben gerufen und auch das geschah nicht ohne amerikanische Unterstützung. Das Gleiche galt für die darauf folgenden Erweiterungen, ganz besonders für die Osterweiterung.

Ich verstehe und akzeptiere, dass Amerika von den Europäern erwartet, einen größeren Anteil an der Verantwortung für die Sicherheit der Welt zu übernehmen. Nur wäre es ein fataler Fehler von Teilen der amerikanischen Politik, zu glauben, dass das eher von einem Europa zu erwarten ist, das in rivalisierende Gruppen von Nationalstaaten zerfällt. Regelbasierte internationale Zusammenarbeit ergibt am Ende und langfristig die »besten Deals«.

Was heißt das jetzt für uns Europäer? Mein Rat lautet: »hoping for the best – preparing for the worst«. Bleiben die Vereinigten Staaten ein Land, in dem westliche Werte ebenso konstitutiv sind wie sie es in Deutschland und Europa bleiben werden, dann bildet das die Grundlage für eine neue Partnerschaft. Allerdings wäre diese neue Partnerschaft weder die Fortsetzung der alten Führungsrolle der USA, die alle unangenehmen Aufgaben übernehmen und wir Europäer halten uns heraus, noch wäre es die Übernahme der bisherigen US-Rolle durch die Europäer. Diese erneuerte Partnerschaft müsste unter dem Leitbild einer »Partnership in Responsability« stehen, einer Partnerschaft für eine friedliche internationale Ordnung und für internationale Sicherheit. Diese Verantwortungspartnerschaft wäre dann auch weit mehr als die Aufrechterhaltung militärischer Fähigkeiten mit höheren finanziellen Beiträgen Europas in der NATO. Das wäre es auch, aber eben weder allein noch überwiegend.

Die Voraussetzung dafür ist natürlich ein stärkeres Europa, das mehr Verantwortung für Krisenmanagement in der europäischen Peripherie und auch in Europa selbst übernimmt. Gleichzeitig aber ermöglichte diese erneuerte Partnerschaft gemeinsame Initiativen Europas und der USA zur Stabilisierung der Weltwirtschaft, in der Krisenprävention und in der Krisenbewältigung, im Kampf gegen Hunger, Not und Elend, ebenso wie im Kampf gegen den Klimawandel. »Hoping for the best« heißt also: Auch wir müssen uns ändern. Aber nicht aufgrund externen Drucks, sondern weil wir Europäer es so wollen. Weil es für uns gut ist. Und weil wir anschlussfähiger an die Welt werden wollen.

Aber es gibt eben auch ein leider realistisches alternatives Szenario. »Preparing for the worst« heißt dann:

Die Politik der Vereinigten Staaten wird – in welcher Zeitspanne auch immer – maßgeblich nicht von Interessen, sondern von Ideologien bestimmt. Europa wäre dann Objekt dieser ideologiegetriebenen Politik.

Die gute Nachricht ist: Alles, was wir an Veränderungen aufgrund unserer eigenen Interessen jetzt vornehmen, wird uns helfen, unser europäisches Gesellschaftsmodell zu verteidigen. Oder um es auf eine einfache Formel zu bringen: Alles, was für den schlimmsten Fall nötig ist, hilft uns auch für den besten Fall – einer neuen Partnerschaft des Westens.

Unseren europäischen Partnern jedenfalls können wir eines versichern: »Whatever it takes …« Deutschland wird alles tun, damit Europa sich nicht spalten lässt. Dazu zählt vor allem, dass wir in Europa wieder mehr zuhören und akzeptieren, dass auch andere europäische Länder Probleme und Herausforderungen haben. Von der Austeritätspolitik bis zur Maut. Deutsche Europa-Politik muss wieder mehr heißen: Führen zusammen mit anderen und vor allem mit Blick auf andere. Dazu gehört die Bereitschaft unseres Landes, die falsche Erzählung vom angeblichen »Nettozahlerland« Deutschland zu beenden. Im Gegenteil: Unser Land ist der große Gewinner der europäischen Einigung und sollte bereit sein, im kommenden EU-Haushalt für eine höhere Nettozahlerposition bereitzustehen statt wie in den letzten Jahrzehnten für das Gegenteil zu kämpfen.

Ich gestehe, wir haben Fehler gemacht. Es war unrealistisch, ja unfair, zu glauben, dass wir die Experten für Werte bleiben, den Amerikanern aber die Verantwortung für die Macht überlassen und sie dafür noch kritisieren könnten. Wir haben die Aufforderungen Washingtons an die Europäer, vor allem im Rahmen der NATO einen größeren Beitrag zur eigenen Sicherheit zu leisten, nicht ernst genug genommen. Wir müssen und werden das tun, brauchen aber dafür auch ein gewisses Vertrauen unserer amerikanischen Partner.

Allerdings ist die Festlegung der NATO auf das Ziel eines zweiprozentigen Anteils am Bruttoinlandsprodukt jedes Mitgliedsstaates für seinen Verteidigungsbeitrag auch nur bedingt sinnvoll. Tatsächlich wurde sie auch gar nicht so beschlossen! Wenn deutsche Konservative in Politik und Publizistik so tun, als habe es eine Festlegung der NATO auf eine Höhe der nationalen Verteidigungslasten von 2 Prozent am Bruttoinlandsprodukt gegeben, so entspringt das wohl mehr einer Überanpassung an die US-Regierung, um wenigstens deren der NATO und Europa zugeneigten Teile freundlich zu stimmen. Denn der Wortlaut des NATO-Gipfels von Wales im Jahr 2014 gibt diese Interpretation nicht her. Dort heißt es: (…) »bemühen uns in der nächsten Dekade der Zwei-Prozent-Richtlinie anzunähern.« Von einer apodiktischen Festlegung auf das Erreichen von 2 Prozent am BIP bis 2024 kann also keine Rede sein.

Es gibt auch eine ganze Reihe von Gründen, warum diese Festlegung auf zwei Prozent am BIP für Verteidigungs- und Rüstungsausgaben wenig sinnvoll ist. Staaten in wirtschaftlichen Krisen haben schon heute erhebliche Probleme, die notwendigen sozialen Leistungen für die innere Stabilität ihrer Länder zu finanzieren. Man wird schlechterdings nicht von ihnen verlangen können, höhere Ausgaben für Verteidigung zu tätigen. Wer schon die Renten nicht bezahlen kann, der sollte nicht in Kanonen investieren. Und selbst in Deutschland stellt sich ja die Frage, wie diese massive Erhöhung des Verteidigungshaushaltes finanziert werden soll. Angesichts der zeitgleich von CDU und CSU geforderten Steuersenkung von 35 Milliarden Euro ist deshalb die in der Union erhobene Forderung nach einer Kürzung von Sozialausgaben zu Gunsten der Verteidigungslasten nur konsequent. Darüber wird letztlich die Bundestagswahl entscheiden, denn die SPD wird dies ganz gewiss nicht mitmachen.

In ganz Europa würde die Erfüllung der US-Forderungen nach einem zweiprozentigen Anteil am Bruttoinlandsprodukt für Verteidigungsausgaben zu einem Anstieg der Rüstungsausgaben von fast 100 Milliarden Euro zusätzlich pro Jahr führen. In einem Kontinent, der seit Jahren für Millionen von Jugendlichen keine Arbeitsplätze zur Verfügung stellt, dessen digitale Infrastruktur nicht wettbewerbsfähig ist und der zu wenig in Bildung, Forschung und Infrastruktur investiert – immer mit dem Argument, dass dafür »leider« kein Geld da sei. Wer bitte glaubt, dass das Europa zu einem Zukunftsprojekt in den Augen seiner Jugendlichen und jungen Erwachsenen machen würde?

Überhaupt ist der europäische Anteil der NATO mit Verteidigungsausgaben von über 225 Milliarden US-Dollar bereits heute ein ernst zu nehmendes »commitment«. Die europäischen NATO-Staaten geben mehr als drei Mal so viel Geld für Verteidigung aus als Russland. Dass nun eine Verdoppelung der Verteidigungsausgaben der Europäer den realen Problemen einer gemeinsamen europäischen Sicherheits- und Verteidigungspolitik gerecht würde, darf bezweifelt werden.

Ich bin mir auch nicht sicher, ob der laute Ruf anderer Länder nach einer massiven Erhöhung der deutschen Verteidigungsausgaben gut durchdacht ist. Die Folgen einer Steigerung der deutschen Arsenale würden zu extremen Verwerfungen in den Kraftverhältnissen führen: Würde Deutschland das NATO-Ziel 1:1 umsetzen, dann stünden 25 bis 30 Milliarden Euro mehr und damit am Ende mehr als 60 Milliarden Euro pro Jahr (!) für die Ausstattung der Bundeswehr zur Verfügung. Deutschland würde zur militärischen Großmacht mitten in Europa. Das würden vermutlich auch jene unserer Nachbarn, die derzeit

eine Aufrüstung in Deutschland einfordern, mittel-
und langfristig eher beunruhigend finden. Außen-
politisch wäre die Verdoppelung der Wehrausgaben
für unsere Nachbarn eine langfristig schwer zu er-
tragende Renaissance einer deutschen Militärmacht.
Vor allem aber würde kaum jemand mithalten können, denn Deutschlands enorme Wirtschaftskraft
und seine wirtschaftlichen Wachstumspotenziale
würden ja bei Beibehaltung des Zwei-Prozent-Ziels
am Bruttoinlandsprodukt auch ein ständiges Wachstum dieses Militärpotenzials beinhalten. Wir würden
allen anderen in der Aufrüstung davonlaufen und
die Spaltung Europas würde sich auch in diesem Bereich noch vertiefen. Schon heute wird Deutschland
misstrauisch beobachtet, weil wir neben der wirtschaftlichen Führung häufig genug – und nicht immer zum Wohle unserer Nachbarstaaten – die politische Führung in Europa beansprucht haben. Mit 60
Milliarden Euro Rüstungsausgaben pro Jahr würden
wir auch die militärische Führungsmacht. Am Ende
stünde zu viel deutsches Europa und zu wenig europäisches Deutschland.

Damit ich nicht falsch verstanden werde: Nichts
spricht dagegen, die europäische Sicherheit unabhän-
giger zu machen von den Sicherheitsgarantien der
USA. Das bedeutet, dass wir unsere Verteidigungsfähigkeit ausbauen und auch in Deutschland mehr
in die Modernisierung der Bundeswehr investie-

ren müssen. Vermutlich wird es dabei aber nicht nur um das klassische Rüstungspotenzial gehen, sondern auch um die Sicherheit unserer IT-Netze, um Spionageabwehr und unsere Fähigkeiten, uns vor den politischen, wirtschaftlichen und militärischen Gefahren eines Cyberkriegs zu schützen.

Vor allem aber brauchen wir eine deutliche Erweiterung des Sicherheitsbegriffs. Was wir derzeit erleben, mutet an wie ein Rückfall in die Zeiten des Kalten Krieges, in denen Sicherheit mit Rüstung gleichgesetzt wurde. Die Entwicklung einer europäischen Außen- und Verteidigungspolitik und in der Folge eine Stärkung der europäischen Verteidigungsfähigkeit soll aber keiner Interventionspolitik mit europäischen Vorzeichen Vorschub leisten. Vielmehr geht es darum, den erweiterten Sicherheitsbegriff, den wir seit Jahren im Munde führen, verstärkt mit Mitteln und Instrumenten zu unterlegen – für Krisenprävention und zivile Konfliktbewältigung, für Prävention von Konflikten aufgrund von Klimawandel und Wassernot, für die Bekämpfung von Hunger und Armut und für nachhaltige Entwicklung, Rechtsstaatlichkeit und gute Regierungsführung.

Weitaus sinnvoller als große nationale Aufrüstungsprogramme wäre es zudem, als Folge einer gemeinsamen europäischen Außenpolitik an den gemeinsamen Verteidigungsstrukturen in Europa weiterzuarbeiten. Das erhöht einerseits die gemeinsame Sicherheit und spart andererseits Kosten für alle. Aber ich gebe zu: Das ist vor allem für Deutschland eine große Herausforderung. Denn gemeinsame Verteidigungsaufgaben und -strukturen erfordern vor allem eines: absolute Verlässlichkeit. Wer von Deutschlands Beiträgen abhängt – zum Beispiel bei europäischen Beteiligungen an UN-Mandaten – muss sich darauf verlassen können, dass die deutsche Parlamentsarmee mit ihren Fähigkeiten dann auch tatsächlich zur Verfügung steht. Am Ende wird es auch um die Höhe der Verteidigungsbudgets gehen und auch Deutschland wird um höhere Beiträge nicht herumkommen. Aber die Debatte um eine gemeinsame europäische Sicherheitsarchitektur als Teil der nordatlantischen Verteidigungsgemeinschaft ist wesentlich wichtiger und den modernen Aufgaben einer erneuerten Europäischen Union weitaus angemessener.

Eines sollten wir als Europäer allerdings auch laut sagen: Trotz aller Herausforderungen, die wir gegenwärtig auf unserem Kontinent haben – Europa ist die friedlichste, demokratischste und auch sicherste Region der Welt. Hier herrscht kein Chaos, und hier gibt es weder einen wirtschaftlichen noch einen politischen Verfall – trotz Brexit, Migration und Flüchtlingen. Europa als Zusammenschluss von so unterschiedlichen Staaten wie Malta, Polen, Portugal, Deutschland oder Schweden ist das größte Zivilisa-

tionsprojekt des 20. Jahrhunderts und sucht auch im
21. Jahrhundert seinesgleichen.

Kurs halten bei Gegenwind.
Der Kompass der Entspannungspolitik

Die Sicherheitslage für Europa hat sich in den letzten Jahren dramatisch verschlechtert. Überwunden
geglaubte Bedrohungsszenarien zwischen Ost und
West sind zurückgekehrt. Die Eskalation des Ukra-
ine-Konfliktes, die militärische Infiltration und Annexion der Krim und das Vorgehen Putins in Syrien
haben zur wachsenden Entfremdung im Verhältnis
Deutschlands und Europas zu Russland geführt. Natürlich haben die Europäische Union unter ihrem alten Kommissionspräsidenten Barroso und die europäischen Staats- und Regierungschefs zuvor große
Fehler begangen. Ein Assoziierungsabkommen zwischen der Ukraine und der EU zu verhandeln, ohne
gleichzeitig mit Russland wenigstens den Versuch
einer Verständigung zu unternehmen, gehörte zu
diesen Fehlern, hat doch die Ukraine eine Zollunion
mit Russland, auf die eine Verbindung mit der Europäischen Union erhebliche Auswirkungen hätte. Die
mehrfachen Versuche der USA und einer Reihe europäischer Mitgliedstaaten, einen Beitritt von Georgien
und der Ukraine zur NATO voranzutreiben, haben in

Moskau den Eindruck verfestigt, »der Westen« wolle Russland immer mehr einkreisen. Das war der zweite Fehler. Nichts von der Klugheit Willy Brandts, Helmut Schmidts oder Helmut Kohls im Umgang mit der alten Sowjetunion war in dieser Phase europäischer Politik mehr sichtbar.

Nichts davon rechtfertigt allerdings die militärische Intervention Russlands und die völkerrechtswidrige Annexion der Krim. Es kann keinen Zweifel daran geben, dass es nicht der Westen war, der diese Verschärfung der Konfrontation zu verantworten hat. Die USA und die Europäische Union haben auf eine Aggression reagiert, als sie Sanktionen gegen Russland verhängt haben. Und jetzt war man klug genug, die militärische Präsenz der NATO in ihren osteuropäischen Mitgliedstaaten zu stärken, aber nicht zu übertreiben. Was den anschließenden Pakt zwischen Putin und dem syrischen Diktator und Menschenschinder Assad angeht, deren Waffenbruderschaft zu verheerenden Bombardements gegen die syrische Zivilbevölkerung geführt hat, war die Antwort der USA und Europas eher von Hilflosigkeit und -immerhin- der Übernahme humanitärer Verantwortung geprägt. Hinzu kommen ernst zu nehmende Indizien, dass die russische Führung mit Datenhacks und Desinformationskampagnen westliche Demokratien zu destabilisieren versucht.

Vor diesem Hintergrund fragen sich viele, ob

Diplomatie und Entspannungspolitik nicht bitter gescheitert sind. Ob der immer neue Versuch, Waffenstillstände, humanitäre Versorgung und Demilitarisierung der Kriegsgebiete zu erreichen, nicht nur die eigene Ohnmacht bemäntelt. Der Gegenwind ist stark geworden, gegen den sich Friedenspolitik rechtfertigen und behaupten muss. Und doch: Genau diese politische Orientierung ist es, die dem gerecht wird, was die Idee des Westens im Kern ausmacht. Denn nicht um den Triumph im Ringen um geopolitisch definierte Einflussräume kann es uns gehen, sondern darum zu zeigen, wie eine internationale Ordnung gelingen kann, die stabil ist, gerade weil kein Land ein anderes dominieren kann und gerade weil alle Nationen gleiche Rechte auf Sicherheit und Freiheit genießen. Auch die Friedenspolitik demokratischer Staaten muss wehrhaft sein. Doch sie sucht stets erneut den Handlungsspielraum des Interessenausgleichs und vergrößert ihn, wo immer möglich.

Ich glaube, dass sich ganz besonders in der Art und Weise, wie wir dem russischen Vorgehen begegnen, unser Selbstverständnis als selbstbewusste Demokratie zeigt. Die Russlandfrage ist gewissermaßen zum Lackmustest unserer Verortung in einer unsicher und schwankend gewordenen Welt geworden. Geschichtslos sollten wir diese Frage nicht beantworten. Vielmehr sollten wir uns auch heute ab und zu daran erinnern, dass die Geschichte des Verhältnisses von

Deutschland und Russland in den vergangenen 250 Jahren so brutal ist wie die weniger Völker.

Bei Konflikten zwischen unseren Nationen ging es oft genug nicht nur um Macht und Vorherrschaft, sondern um die schiere Existenz. Im Ersten Weltkrieg betrieb Deutschland den Sturz des Zaren und oktroyierte Russland einen harten Frieden. 1941 überfiel Hitlerdeutschland die Sowjetunion und erreichte beinahe Moskau. In diesem mit rassistischer Ideologie geführten Vernichtungskrieg verloren über 20 Millionen Russen, Weißrussen und Ukrainer ihr Leben. Dann besetzte die sowjetische Armee Deutschland bis zur Elbe, errichtete eine Diktatur und blieb dort 40 Jahre. Auch Millionen Deutsche verloren ihre Heimat, viele starben, die meisten flohen Richtung Westen.

Aus dieser von Gewalt geprägten Geschichte leiten wir heute eine besondere Verpflichtung ab: nämlich die, sich in besonderem Maße für Frieden und Sicherheit in Europa einzusetzen, Frieden und Sicherheit nicht nur für Deutsche und Russen, sondern auch für die mittel- und osteuropäischen Staaten zwischen uns.

Berlin und Moskau sind heute zentrale Akteure im Ringen um die europäische Friedensordnung: Russland hat mit der völkerrechtswidrigen Annexion der Krim die europäische Friedensordnung infrage gestellt. Erinnern wir uns: Die Anerkennung der europäischen Nachkriegsgrenzen, die territoriale Integrität der Staaten, der allseitige Verzicht auf Androhung oder Anwendung von Gewalt und auch das Prinzip der Selbstbestimmung waren Ausgangspunkt und Kern des Prozesses der Konferenz für Sicherheit und Zusammenarbeit in Europa (KSZE). Es lohnt sich, das Gründungsdokument der KSZE noch einmal zu lesen. »Kraft des Prinzips der Gleichberechtigung und des Selbstbestimmungsrechts der Völker haben alle Völker jederzeit das Recht, in voller Freiheit, wann und wie sie es wünschen, ihren inneren und äußeren politischen Status ohne äußere Einmischung zu bestimmen und ihre politische, wirtschaftliche, soziale und kulturelle Entwicklung nach eigenen Wünschen zu verfolgen«, so heißt es in der Schlussakte von Helsinki. Diese von 35 Staaten einschließlich der damaligen Sowjetunion, der USA und Kanada unterzeichnete Übereinkunft war das Ergebnis der Entspannungspolitik von Willy Brandt, Egon Bahr und Helmut Schmidt. Sie schuf die Basis für ein friedliches Miteinander in Ost- und Westeuropa und war damit eine zentrale Voraussetzung für die deutsche Wiedervereinigung und den Fall des »Eisernen Vorhangs«. Auf diese Prinzipien haben sich viele berufen, die an der Spitze der friedlichen Revolutionen in Osteuropa standen. Nach dem Fall der Mauer waren es diese Prinzipien, die hinüberführten in eine Ära der Partnerschaft mit einer Vielzahl von Abkommen zwischen Russland, den Nachfolgestaaten der

Sowjetunion und der EU, in die mit Polen an vorderer Stelle neue Mitglieder strebten.

Deutschland vertritt deshalb in den Verhandlungen mit Russland einen klaren Standpunkt: Wir wollen die Erfolge der Ost- und Entspannungspolitik von Willy Brandt und Helmut Schmidt nicht aufgeben. Gerade deshalb fordern wir die Rückkehr zur europäischen Friedensordnung der KSZE. Wir lehnen die militärische Konfrontation mit Russland ebenso ab wie eine unreflektierte Ausweitung der NATO, die geeignet ist, zu antagonisieren. Aber wir sind der festen Überzeugung, dass Europa einer massiven Verletzung des Friedens nicht tatenlos zusehen darf, und unterstützen deshalb die wirtschaftlichen und politischen Sanktionen gegen Russland. Die Lehren und Folgen wären unkalkulierbar, wenn völkerrechtswidrige Interventionen wieder zum geduldeten Mittel der Politik in Europa würden.

Eine Konfrontation mit Anklängen an den Kalten Krieg ist zurück – diesem Eindruck kann man sich kaum entziehen. Deshalb darf man aber auch fragen, was wir eigentlich vor über 50 Jahren getan haben, um die brandgefährlichen Spannungen zwischen Ost und West einzudämmen.

Es war Willy Brandt, der 1963 in der Evangelischen Akademie Tutzing »für den illusionslosen Versuch zur friedlichen Lösung von Problemen« warb und von der »Strategie des Friedens« sprach. Brandt nahm damit explizit das Motto der großen »Strategy-of-Peace«-Rede von Präsident John F. Kennedy auf, die dieser wenige Tage zuvor, in den kältesten Tagen des Kalten Krieges, an der American University gehalten hatte.

Brandt plädierte für eine »Politik der Transformation«, nicht für eine Anerkennung des Status quo und auch nicht für Appeasement. Er sah sich fest verankert im westlichen Bündnis und als Pionier eines einigen Europas. Er wusste aber auch: Diese Politik war riskant, sie forderte Konzessionen von allen Seiten. Brandt nannte sie die »Politik der kleinen Schritte«, denn große waren unter den Bedingungen der ideologisch aufgeladenen und militärisch zementierten Blockkonfrontation nicht möglich. Am Ende war sie trotzdem erfolgreich und ordnete mit einer Reihe von Verträgen und Mechanismen die diplomatische Landkarte des Kalten Krieges neu.

Wir sollten die Ostpolitik nicht nachträglich romantisieren oder verklären. Sie war kein Wundermittel. Am Anfang stand der Gewaltverzicht. Als die Gewalt zurückkehrte, stand alles neu auf dem Prüfstand. Schon Ende der 1970er-Jahre mit dem sowjetischen Einmarsch in Afghanistan und der neuen atomaren Rüstungsspirale sowie dann in den 1980er-Jahren, als die polnische Militärregierung das Kriegsrecht verhängte, um einer sowjetischen Besatzung zuvorzukommen, geriet diese Politik unter Druck. Ostpolitik war immer auch Realpolitik: So verstand der damalige Bundeskanzler Helmut Schmidt die Doppellogik – Verteidigungsfähigkeit gegen Aggression, aber Verhandlungsbereitschaft für gleichmäßige Abrüstung – zu Recht als Teil einer langfristigen Entspannungsperspektive.

Die Grundlagen der Entspannungspolitik aber bleiben: dass der Weg zur Verständigung immer offen und Veränderung immer möglich ist, dass die friedliche Beilegung von Konflikten durch einen Interessenausgleich auf Augenhöhe stets der dauerhaft erfolgreichste Ansatz für die Stabilität der internationalen Ordnung ist.

Damit der Konflikt mit Russland nicht den Zerfall bestehender Dialogforen beschleunigt, muss die Entspannungspolitik beharrlich den Nutzen einer Integration Russlands im Blick haben. Wir brauchen Russland auf zweierlei Ebenen: als Partner, der für die Lösung zahlreicher internationaler Konflikte, etwa im Mittleren Osten, unverzichtbar ist. Und zweitens als eine Säule der globalen Ordnung, gegen oder ohne die keine neue Stabilität zu erzeugen ist. Mit anderen Worten: Wir brauchen Russland nicht nur, um den Ukraine-Konflikt zu lösen und unser Interesse an einer stabilen Sicherheitsordnung in Europa zu wahren. Wir brauchen Russland auch als Akteur und als Partner im Weltmaßstab.

Das hat auch eine wirtschaftliche Dimension. Ich

halte es für möglich, dass wir in Zukunft Gespräche zwischen der Europäischen Union und der Eurasischen Wirtschaftsunion ernsthaft aufnehmen. Wladimir Putins Idee einer Freihandelszone zwischen Wladiwostok und Lissabon mag heute wie eine Utopie klingen, und ganz gewiss versteht der russische Präsident darunter weit weniger, als wir Europäer damit verbinden würden. Arbeitnehmerrechte, Umwelt- und Verbraucherschutz, Meinungsfreiheit und anderes mehr bilden heute den Standard für moderne, freie und zugleich faire Abkommen. Und doch zeigt diese Idee das gewaltige politische, wirtschaftliche und vor allem friedensstiftende Potenzial, das nachhaltig, unbeirrt und stetig zu verfolgen sich für beide Seiten lohnen würde.

Dies ganz einfach deshalb, weil auch Russland in der wirtschaftlichen Isolation nicht prosperieren kann. Es mag sein, dass dies in der gegenwärtigen Situation als geradezu kontrafaktisch erscheint. Doch die Idee der Entspannungspolitik hat ihre Stärke darin, dass sie gerade nicht nur konstatiert, was heute ist, sondern den Entwurf dessen wagt, was in Zukunft sein kann. Über den Tag hinauszudenken und auch längerfristige Chancen und Perspektiven zum gemeinsamen Nutzen Europas und Russlands zu entwickeln, ist gerade jetzt gut und nötig. Es öffnet unser politisches Vorstellungsvermögen. Die Integration eines Wirtschaftsraums, der Russland mit einschließt, könnte eine prägende Wirkung für die Gestaltung der Globalisierung entfalten. Eine solche wirtschaftliche Zusammenarbeit zwischen Europa und Russland würde nicht nur zur erforderlichen Balance im Asien-Pazifik-Raum, sondern vor allem erneut zur Friedenssicherung beitragen.

Unsere außenpolitische Strategie muss doppelt verankert sein. Erstens sind Repression und Gewalt im Gewand nationalistischer Rhetorik, Verletzung des Völkerrechts, militärische Subversion und Annexion zur Durchsetzung von geopolitischen Machtansprüchen unzweideutig zurückzuweisen und einzudämmen. Zweitens brauchen wir ausgehend von dieser Standfestigkeit auch die Klugheit, die momentan verschütteten gemeinsamen und langfristigen Interessen zu erkennen und Zukunftsperspektiven zu entwickeln. Wir sollten uns nicht damit abfinden, dass die Krise Deutsche und Russen dauerhaft entfremdet, Europa in Unsicherheit stürzt oder die internationale Ordnung auf Dauer gefährdet. Es bleibt unsere Aufgabe, die Optionen für die Zukunft im Verhältnis des Westens zu Russland offenzuhalten. Im Hier und Jetzt eine gefährliche Krise beherrschbar zu machen, ist das eine. Dies ist kein Widerspruch zum Nachdenken über das, was langfristiges Ziel sein muss. Auch das ist eine Lehre der Ostpolitik – die Realität anerkennen, ohne die Vision auf eine bessere Zukunft aufzugeben.

Dem entgrenzten Kapitalismus Regeln setzen

Bei all ihrer Rationalität ist unsere moderne Welt noch immer von Mythen geprägt. Der Glaube daran ist stark. Denn er verspricht Orientierung und Halt in einer immer haltloser erscheinenden Zeit. Ein Mythos der Moderne bleibt der Nationalismus. Nationalisten sind Gläubige, die behaupten, alle kulturellen, sozialen und wirtschaftlichen Herausforderungen seien durch Protektionismus und isolationistische Stärkebekundungen beherrschbar.

Sie sind leicht reizbar, weil auch die größte Nation im Vergleich zur Welt klein ist. Sie müssen sich deshalb ständig aufblasen und ihr Land als Heilsbringer größer erscheinen lassen, als es ist. Das ist ein ebenso anstrengendes wie zum Scheitern verurteiltes Unterfangen. Keine entwickelte Volkswirtschaft überlebt ohne den Anschluss an den Weltmarkt. Keine Verachtung von internationalen Plänen zur CO_2-Minderung stoppt die Erwärmung des Weltklimas und die Versauerung der Weltmeere. Kein Zaun ist hoch genug, um die Migrationsbewegungen unserer Zeit in den Griff zu bekommen. Die Probleme der Welt kann kein nationalistischer Gernegroß allein lösen.

Wenn wir verstehen wollen, warum der Nationalismus trotzdem in allen Teilen der Welt – ob USA, Europa oder Asien – wieder Anhänger sammeln kann, müssen wir eine zweite Fabel der Moderne hinterfragen: Der Mythos der unaufhaltbaren Globalisierung liefert gewissermaßen das Gegenbild zum nationalstaatlichen Kontrollanspruch. Auch die Propheten der Globalisierung sind hochmütig. Sie neigen zur Belehrung und zur Entmutigung. »Lasst alle Hoffnung fahren, eure Regeln im globalen Zeitalter behalten zu können«, heißt es in der üblichen Globalisierungserzählung. Die Naturgesetze des globalisierten Marktes drängen alles und jeden beiseite. Wer sich nicht fügt, geht unter. »Pass dich an!« lautet der neue kategorische Imperativ dieser Glaubenslehre.

Die Globalisierung als wirtschaftliche Strategie und politisches Konzept hat sicher eine weit größere Verankerung in der Rationalität als die verschiedenen Strömungen des ethnisch-kulturellen Isolationismus. Sie bewertet Menschen nicht nach Hautfarbe, Religion oder Nation. Sie baut keine Mauern und Eisernen Vorhänge. Sie öffnet Grenzen, physisch wie intellektuell, und erweitert die Freizügigkeit und das Wissen der Menschheit.

Doch dass der Preis für all das die Selbstaufgabe sein soll, dass keine zivilisatorischen Regeln Bestand haben sollen, die Natur- und Sozialräume vor ökonomischer Verwertung schützen, riskante Technologien kontrollieren, kollektive Solidarität und Mitbestimmung der wirtschaftlich Schwächeren ermöglichen und überhaupt demokratische Institutionen und Entscheidungen höher setzen als ungebremst profitgetriebene Marktkräfte – eine solche Kapitulation ist undenkbar. Das spürt jeder, der auch nur einen Funken politischer Leidenschaft besitzt. Der globalisierte Finanzkapitalismus unserer Tage kassiert die Unabhängigkeitserklärungen der großen demokratischen Revolutionen, die Erklärungen der Menschen- und Bürgerrechte und die Errungenschaften der Arbeiterbewegungen. Er spaltet. Er übertreibt. Er riskiert den sozialen Zusammenhalt der Gesellschaften. Die Menschen werden sich ihm aber letztlich nicht beugen.

»Pass dich an!« ist kein Satz der Hoffnung, sondern ein Satz der Angst und des Wegduckens. Politisch stößt er uns zurück in Fremdbestimmung. Und der Satz rüttelt am Wesenskern unserer gesellschaftlichen Entwicklung seit der Aufklärung: an der Freiheit zu einem selbstbestimmten Leben. Nicht wie wir leben wollen, sondern wie wir angeblich leben müssen, ist die Botschaft dieses Satzes. Und diese Botschaft ist – zu Ende gedacht – ebenso antiliberal, antidemokratisch und unsozial wie die der Nationalisten. Enteignete Kleinbauern, entrechtete Wanderarbeiter, militante Kapitalismuskritiker und Umweltschützer schreiben sich das Recht der Selbstbestimmung auf die Fahnen. Das gibt ihnen die politische Kraft. Sie wollen sich durch die globale Herrschaft des Kapitals nicht kleinmachen lassen. Sie wollen nicht Knechte sein. Und weil der Befehl zur Anpassung stolze Menschen nun mal zum Widerstand reizt, haben dann auch die Rechtspopulisten und Nationalisten leichtes Spiel.

Wie Wölfe im Schafspelz versuchen Nationalisten, diese globalisierungskritische Stimmung für sich zu nutzen. Sie verbreiten nicht Hoffnung, sondern Fremdenhass und oft Antisemitismus. Sie suchen nicht nach Lösungen, sondern nach Sündenböcken. Sie versuchen die erkennbaren Ungerechtigkeiten des herrschenden Wirtschaftssystems den Flüchtlingen und Ausländern, notfalls auch schlicht dem Nachbarn zuzuschreiben. Sie betreiben Klassenkampf an der falschen Adresse.

So gesehen sind die Populisten und Nationalisten, sind Le Pen, Wilders oder die Spitzenfunktionäre der AfD nur unterschiedlich erfolgreiche Ausprägungen einer globalen Entwicklung hin zum Autoritären. Sie eint eine Perversion des Solidaritätsbegriffs: Solidarität nur noch für das scheinbar homogene eigene »Volk« und Entsolidarisierung mit allen anderen. Und zur Durchsetzung dieser »Wir gegen die«-Ideologie wird auf autoritäre und nationalistische Regierungsformen gesetzt. Das ist einfacher, als sich mit den tatsächlichen Widersprüchen auseinanderzusetzen: denen zwischen Macht und Ohnmacht und zwischen Arm und Reich. Denn die alten sozialen Fragen tauchen in der Globalisierung von Wirtschaft und Politik letztlich nur in neuem Gewande auf. Insofern ist der erneute Kampf um die angemessene Antwort auf die sozialen Fragen wie schon einmal im 19. und 20. Jahrhundert auch wieder ein Kampf gegen autoritäre und unterdrückende Machtapparate.

Es geht erneut um das Erkämpfen von sozialen Regeln für Märkte, die – wenn sie unreguliert sind – zu Ungerechtigkeit und Gnadenlosigkeit neigen. Es geht aber auch um das Erringen – manchmal auch nur um das Verteidigen – der demokratischen Substanz. Beide Kämpfe – die sozialen und die demokratischen – sind unter den Bedingungen der Globalisierung weitaus schwieriger zu führen. Als beim ersten Treffen der internationalen sozialdemokratischen Arbeiterassoziation 1898 in Paris der 1. Mai als »Kampftag« der internationalen Arbeiterbewegung erfunden wurde, lautete der Slogan: »Der Kapitalismus ist national organisiert – dagegen hilft nur die internationale Solidarität der Arbeiterbewegung.« Heute, knapp 120 Jahre später, stellen wir fest: Das Einzige, was wirklich international organisiert ist, ist der Kapitalismus.

Politische Institutionen finden keinen Respekt mehr, wenn sie sich anonymen Sachzwängen ergeben. Der demokratische Staat und die ihn tragenden Parteien dürfen sich bei Strafe ihres Untergangs nicht mit Verhältnissen arrangieren, die für diejenigen, die wenig Macht besitzen, die harte Arbeitsbedingungen aushalten müssen und dafür bei großer Unsicherheit geringe Löhne bekommen, unakzeptabel sind. Wer Gerechtigkeit mit dem kalten Verweis auf die Konkurrenzfähigkeit des Wirtschaftsstandorts abtut, nährt die Wut. Die Mythologie der alternativlosen Deregulierung taugt nicht für die Zukunft. So wenig wie im Feudalismus die Privilegien herrschender Klassen auf Dauer hinnehmbar waren, so wenig kann ein System überleben, das überall Regeln und Rechte zertrümmert und nur den Starken nutzt. Insofern ist die Globalisierungskritik Zeichen eines neuen historischen Fortschritts. Die Welt ist dabei, aus den Fugen zu geraten. Wir erleben eine Zeitenwende. Es stimmt, dass die Globalisierung bis heute ein starker Motor der wirtschaftlichen Entwicklung ist. Seit 1950 ist die Weltwirtschaft im Durchschnitt zwischen 2,5 und 5,5 Prozent jährlich gewachsen. Der Anteil der Menschheit, der in Armut lebt, sinkt. In China ist seit dem Greifen der Wirtschaftsreformen von Deng Xiaoping mehr als eine halbe Milliarde Menschen der Armut entkommen.

Doch zur Bilanz der Globalisierung gehören die harten Gegensätze zwischen Gewinnern und Verlierern. Nach Berechnungen von Oxfam besitzt das reichste eine Prozent der Weltbevölkerung fast 50 Prozent des weltweiten Vermögens. Die Vereinten Nationen berichten von noch immer 1,2 Milliarden Menschen in extremer Armut.

Die wirtschaftlich am wenigsten entwickelten Weltregionen sind auch die politisch instabilsten.

Staatszerfall, Gewaltherrschaft, Terrorismus, Krieg und Bürgerkrieg sind in Afrika, der arabischen Welt, Südasien, Lateinamerika – Regionen mit dem global niedrigsten Bruttoinlandsprodukt pro Kopf – stark ausgeprägt. Die Flüchtlings- und Migrationsbewegungen unserer Zeit haben immer dieselbe Richtung. Die Menschen fliehen von politisch instabilen in rechtsstaatlich stabile Länder, von perspektivlosen in zukunftsfähige Gesellschaften, von armen Ländern in reiche Gesellschaften. Wachsende Ungleichheit in einer globalisierten Welt, in der kein Land mehr isoliert lebt, führt zwangsläufig zu erhöhter Migration mit allem, was dazugehört: Und nur ein kleiner Teil der Millionen, die sich auf den Weg machen, können legale Einwanderungsmöglichkeiten nutzen. Der weit größere Teil findet sich in Lagern, auf Schlepperbooten, vor Grenzzäunen oder am Ziel ihrer Träume, dort aber unsicher und ohne Aufenthaltsrecht.

Diese Menschheitstragödie, die im Schatten der wirtschaftlichen Globalisierung entstanden ist, kann eine angemessene politische Antwort nur auf globaler Ebene finden. Das Gleiche gilt für den Klimawandel, den Naturverbrauch oder die zunehmenden weltweiten Epidemien. Wir verlassen eine Epoche, in der einzelne Nationalstaaten immer defensiver für Sicherheit gesorgt haben oder meinten, dies zu können, während der globale Wirtschafts- und Sozialraum ein Umfeld der Deregulierung, der Destabilisierung und der Absenkung von sozialen Normen und Standards schaffte. Wir müssen in den vor uns liegenden Jahrzehnten ganz offenkundig eine globale Ordnung etablieren, die Bedürfnisse nach Sicherheit und Gerechtigkeit befriedigen kann. Sicherheit und Gerechtigkeit für alle oder doch möglichst viele. Oder wie es der verstorbene katholische Bischof von Hildesheim, Josef Homeyer, unmittelbar nach dem Attentat vom 11. September 2001 weitsichtig formulierte: »Das Ziel der Globalisierung muss Gerechtigkeit für alle werden und nicht Reichtum für wenige.«

Der Westen reagiert trotz intellektueller Einsicht auf diese größte Herausforderung des 21. Jahrhunderts verunsichert und uneinig. Nordamerika und Europa sind seit der kolonialen Ära die Haupttreiber und -profiteure des Weltmarktes. Doch Ostasien, der pazifische Raum, China und Indien schließen auf. Ein Exklusivanspruch des Westens auf Wohlstandsprivilegien und politische Dominanz wird immer weniger hingenommen. Die Frage ist nicht mehr, ob die Globalisierung in eine neue Phase der politischen Interessenkonflikte eintritt. Die Frage ist, mit welchen Werten, Ideen und Instrumenten diese Konflikte gelöst werden.

Wir haben die Wahl: dort das geopolitisch-aggressive Modell, das Einflusssphären absteckt und militärisch unter Kontrolle zu bringen versucht. Es gehört zur Welt des 19. und 20. Jahrhunderts. Es würde den

Planeten in den kommenden Jahren zu einem sehr gefährlichen Ort machen.

Auf der anderen Seite das Modell einer sozial verfassten Teilhabegesellschaft, die aus der Tradition der Aufklärung ihre Kraft bezieht. In ihrem Zentrum steht die Idee einer fairen und deshalb allgemein zustimmungsfähigen Ordnung. Die Idee universeller Rechte, die jedem Menschen unveräußerlich zu eigen sind. Die Idee einer auf allgemeinen Prinzipien des sozialen Ausgleichs und der Gerechtigkeit fußenden Rechtsgemeinschaft. Sie allein kann wirklich Sicherheit schaffen. Es gibt keine Sicherheit in einer ungerechten Welt.

Die wichtigen westlichen Mächte zögern jedoch, dieser Idee in ihrer internationalen Politik zu folgen. In den USA und in Europa sind gegenläufige Tendenzen stark geworden. Ein amerikanischer Präsidentschaftskandidat schafft mit nationalistischen Parolen den Einzug ins Weiße Haus. In Frankreich dreht sich die politische Debatte immer mehr um die Themen und die Erfolgsaussichten von Marine Le Pens rechtsradikalem Front National. In Italien droht der Anti-Europäer Grillo, aber auch die Lega Nord, und in anderen EU-Mitgliedstaaten sitzen die Rechtspopulisten längst in der Regierung. Deutschland ist – trotz einer AfD – dagegen bislang ein Hort der Stabilität. Angesichts der unkontrollierten Zuwanderung von mehr als einer Million Flüchtlingen mit allen Risiken und

Konflikten, auf die wir nach der Welle des »Refugees welcome« stoßen, ist der Zuspruch zum Rechtspopulismus und zum Rechtsradikalismus in Deutschland im Vergleich zu fast allen anderen Mitgliedstaaten in Europa sogar wohltuend gering. Ob das so bleibt, hängt auch von der sozialen Stabilität dieses Landes ab. Denn steigende Arbeitslosigkeit und wachsende soziale Unsicherheit würden wohl auch bei uns zum Erstarken des rechten Randes führen.

Nichts ist für unser Land deshalb wichtiger, als gute Bedingungen für wirtschaftlichen Erfolg und soziale Sicherheit zu schaffen. Und nichts ist überflüssiger, als die sozialen Verunsicherungen in der Gesellschaft zu vergrößern. So wissen Verkäuferinnen, Alten- und Krankenpfleger, Polizisten, Facharbeiter und Handwerksgesellen sehr genau, dass sie im Alter von 69 oder 70 ihren Job nicht mehr ausüben können und dass Forderungen, den Renteneintritt bis zum 69. oder 70. Lebensjahr weiter hinauszuschieben, für sie nichts anderes sind als verkappte Rentenkürzungen. Angesichts eines durchschnittlichen Rentenzahlbetrags zwischen 800 und 1100 Euro wäre ein bisschen mehr Demut bei den Verfassern derartiger »Reformvorschläge« wünschenswert, die sich ja in der Regel nicht vorstellen können, wie man mit einem derart niedrigen Einkommen lebt. Neben wirtschaftlicher Kompetenz gehört auch soziale Empathie zu den Bedingungen unserer Sozialen Marktwirtschaft.

Aber natürlich sind die Spielräume für Investitionen in die wirtschaftliche Zukunft unseres Landes ebenso begrenzt wie unser sozialpolitischer Handlungsspielraum, wenn wir nur in nationalstaatlichen Kategorien denken und handeln. Und die Internationalisierung unserer politischen Spielregeln für die Globalisierung muss natürlich in Europa beginnen. Dafür brauchen wir nicht einfach mehr Europa, sondern vor allem ein anderes.

Wenn die Europäische Union scheitert, dann scheitert auch der historisch einmalige Versuch einer Einbettung internationalisierter Märkte in einer supranationalen Rechtsgemeinschaft. Damit jedoch würde der Westen den einzig berechtigten Grund für einen globalen Führungsanspruch preisgeben: dass er bereit und in der Lage ist, seine innerstaatlichen Verfassungsordnungen – Ordnungen der Freiheit und der Gleichheit, der sozialen Grundrechte und der ökologischen Nachhaltigkeit – nicht mehr als Privileg abzuschirmen, sondern zu internationalisieren und zum Maßstab einer neuen globalen Ordnung, einer »Zweiten Globalisierung« zu machen.

Was das konkret bedeuten kann, sehen wir bei der Antwort auf den Absturz der Finanzmärkte von 2008. Internationale Regeln zur Bekämpfung von Spekulation, Anlage- und Finanzbetrug, Regeln zum Austausch von Steuerdaten und zur Durchsetzung von Steuergesetzen sind Schritte, um den Kapitalismus

wieder unter die Souveränität demokratisch legitimierten Rechts zu bringen. Wir müssen mindestens
in Europa darüber hinaus und weiter vorangehen
und außerdem Regeln für eine Mindestbesteuerung
etablieren, Kapital und Arbeit steuerlich gleich be-
handeln und eine Finanztransaktionssteuer durchsetzen, wie sie als Besteuerung der Devisenspekulation
schon 1972 von dem US-Ökonomen James Tobin ins
Gespräch gebracht wurde.

Ich kenne alle Argumente, die dagegen ins Feld
geführt werden. Und trotzdem sage ich: Wenn
sich die internationalen Finanzmärkte nicht an
der Finanzierung der sozialen Aufgaben beteiligen,
kommt der Tag, an dem sich die wachsende Wut in
den betroffenen Gesellschaften Luft macht. Es wird
Zeit, dass sich die klugen Vertreter liberaler Markt-
wirtschaften wieder mit den sozial Engagierten verbinden. Die Vertreter liberaler Ökonomien müssen
sich entscheiden: Entweder sie bilden aus wohlver-
standenem und langfristigem eigenen Interesse ein
Bündnis mit der sozial engagierten Zivilgesellschaft
und auch mit Gewerkschaften und Sozialdemokraten mit dem Ziel, den gesellschaftlichen Zusammenhalt wieder zu stärken und auch international dem
entgrenzten Kapitalismus Regeln zu setzen. Oder
sie beschreiten weiterhin den Weg in wütender werdende Gesellschaften, in denen die ihrer Träume be-
raubten Mittelschichten aufbegehren. Entweder sie

tragen zur sozialen Stabilität bei, oder sie graben sich selbst ihr Grab.

Die Verbindung von wirtschaftlichem Erfolg und sozialem Zusammenhalt hat gerade Deutschland seit 1948 zu dem gemacht, was wir heute sind: eine der stärksten und zugleich sozial und ökologisch fortschrittlichsten Volkswirtschaften der Welt. Die Idee einer Sozialen Marktwirtschaft ist doch nichts anderes als ein Gegenmittel gegen die antisoziale Gleichgültigkeit. Diese Verbindung soll vor zwei Irrwegen schützen: vor der Gefahr eines übergriffigen Staates oder gar einer Staats- und Planwirtschaft ebenso wie vor weitgehend regellosen Märkten mit ihren sozial zerstörerischen Folgen. Ihre Konstrukteure hatten in der jungen Bundesrepublik sowohl den Nationalsozialismus vor Augen wie den Kommunismus. Allerdings wären die liberalen Ökonomen damals nicht auf die Idee gekommen, die soziale Verantwortung der Marktteilnehmer zu einer unwillkommenen Last zu erklären, die man weitgehend abschütteln will. Und sie wussten, dass der Markt den Staat braucht und dass die Umverteilung von Einkommen konstitutiv für eine erfolgreiche liberale Ökonomie ist. Auch deshalb stehen in der Verfassung der Bundesrepublik Erbschaft- und Vermögensteuern als Gemeinwohlfinanzierung ganz oben. Wie heruntergekommen die heutige ökonomische Debatte ist, zeigt gerade der Streit über diese beiden Steuerarten, die nicht von Rosa Luxemburg oder Karl Liebknecht eingeführt wurden, sondern von einer CDU/CSU/FDP-geführten Bundesregierung. Damals wussten liberale Ökonomen noch, dass hohe Erbschaften leistungslose Einkommen sind, die im Zweifel ein Wettbewerbshindernis darstellen.

Heute wird der Egoismus millionenschwerer Erben (und ihrer Kinder) hinter dem Deckmäntelchen des internationalen Wettbewerbs verborgen, der angeblich solche Formen der Besteuerung nicht mehr zulasse. Man wünscht sich ein paar der mutigen Ordoliberalen zurück, die derart erhobene Steuern alle in die Bildung stecken wollten, damit es neuen unternehmerischen Nachwuchs gibt, der den Wettbewerb mit den Etablierten aufnimmt. Wir brauchen keine Initiative »Neue Soziale Marktwirtschaft«, hinter der sich in Wahrheit ja nur die Abkehr von der sozialen Verantwortung verbirgt. Wir brauchen eher mehr vom Verantwortungsbewusstsein der klassischen Idee sozialer Marktordnungen. Nicht als Kopie der 1970er-Jahre, sondern als Anstoß für die Gestaltung der Globalisierung im 21. Jahrhundert.

Nirgendwo auf der Welt gibt es ein erfolgreicheres Modell als das der Sozialen Marktwirtschaft. Die Unterordnung des Individuums unter das Kollektiv im staatlich gelenkten Kapitalismus Chinas produziert eine gigantische Schädigung von Umwelt und Gesundheit seiner Bevölkerung. Vor nichts hat die chinesische Führung mehr Angst als vor Massen-aufständen. Und die libertäre Marktwirtschaft der Vereinigten Staaten führt dazu, dass nicht nur die Ungleichheit wächst, sondern die Gesellschaft sich bewaffnet und soziale Konflikte zunehmend mit Gewalt ausgetragen werden. Die USA haben nicht zufällig weltweit den höchsten Anteil von Gefängnisinsassen an der Bevölkerung. Die deutsche und europäische Idee der Kombination von Freiheit und sozialer Verantwortung – kurz: Soziale Marktwirtschaft – ist nicht perfekt und hat auch ihre Schwächen. Aber sie ist den genannten Systemen von grenzenlosem Kollektivismus wie Individualismus bis heute überlegen. Ohne die viel zu hohe Arbeitslosigkeit und auch die Armut in Südeuropa zu übersehen, kann man immer noch selbstbewusst sagen: Auch heute noch ist Europa trotz aller Probleme und Unzulänglichkeiten der beste Platz der Welt. Nirgendwo gibt es mehr Freiheit, mehr soziale Sicherheit und mehr Frieden.

Wer das bewahren will, muss allerdings die mit der Freiheit verbundene Verantwortung annehmen. Auch bei der Finanzierung des Gemeinwesens. Und bevor man das weltweit einfordert, muss man in Europa dafür ein Beispiel schaffen. Eine Billion Euro (!) fehlt nach Angaben der Europäischen Kommission in Europas Staatshaushalten durch Steuerhinterziehung. Allein in Deutschland 215 Milliarden, weit mehr als die Hälfte des Bundeshaushalts. Jeder Bäckermeister hat höhere Steuersätze als Konzerne wie Amazon, Google oder Starbucks. Das verletzt nicht nur das Gerechtigkeitsempfinden, vor allem beobachten Europas Bürgerinnen und Bürger ja zugleich, dass ihre Schulen ebenso verkommen wie die öffentliche Infrastruktur. Es fehlt das Geld für die Polizei ebenso wie für eine ordentliche Ausstattung der Städte und Gemeinden. Wenn es uns gelingt, durch harte Bekämpfung der Steuerhinterziehung auch nur 10 oder 15 Prozent der Summen aufzubringen, die hinterzogen werden, können wir in Deutschland und Europa ein spürbares Investitionsprogramm für die modernste digitale Infrastruktur, für Forschung und Entwicklung und für intakte Kommunen auflegen. Solche Signale sind es, die Gerechtigkeit glaubwürdig machen und die Zukunftshoffnung zurückbringen.

Europa folgt seit mindestens zwei Jahrzehnten vor allem der Idee eines Binnenmarktes mit möglichst viel Wettbewerb. Kein Zweifel: Wettbewerb auf einem freien Binnenmarkt ist von fundamentaler Bedeutung. Und doch hat der große Europäer Jacques Delors recht, wenn er sagt: Niemand verliebt sich in einen Binnenmarkt. Europa muss mehr schaffen als das. Es muss zeigen, dass die Verbindung von Freiheit und (sozialer) Verantwortung, von wirtschaftlichem Erfolg, Modernität und gesellschaftlichem Zusammenhalt immer wieder aufs Neue gelingt.

Menschen suchen nach Ankern und auch nach

Ordnung in einer chaotischen Welt. Die allermeisten ahnen, dass sie sich individuell immer wieder neuen Veränderungen stellen müssen. Aber sie wollen auch irgendwo festen Grund unter den Füßen spüren. Das muss im Großen wie im Kleinen erfolgen: im Großen, indem Europa eine gemeinsame und eigenständige Außen- und Sicherheitspolitik schafft, die die Abhängigkeit von den USA verringert. Und im Kleinen, damit sich Menschen dort, wo sie wohnen und leben, sicher aufgehoben fühlen. Heimat ist deshalb kein vormoderner Begriff, sondern ein hochmoderner. Lebendige und gut geführte Städte und Gemeinden schaffen Sicherheit und Zusammenhalt, verwahrloste Städte und Gemeinden produzieren verwahrloste Köpfe und Seelen.

Aber natürlich steht Europa nicht allein. Deshalb ist es richtig, nach Partnern zu suchen. Ein Beispiel dafür, was für eine »Globalisierung 2.0« zu tun ist, sehen wir auch in der Handelspolitik. Bisherige Freihandelsverträge sind im Ergebnis häufig mit dem Abbau von sozialen Standards verbunden. Wir brauchen jedoch einen Paradigmenwechsel in der Handelspolitik zur international vereinbarten Sicherung von Sozial- und Umweltnormen. Das aktuelle Abkommen zwischen der EU und Kanada ist ein Prüfstein dafür, welche Richtung der Westen einschlägt, um beispielgebend für eine gerechte globale Handelsordnung zu werden. Mit Kanada ist ein Vertragsentwurf gelungen, der zwar weiterhin einige Fragen aufwirft, weil sich juristische Tücken herausstellen können, der aber beachtliche Fortschritte ermöglicht, indem die private Schiedsgerichtsbarkeit für Investitionen abgelöst wird durch einen Investitionsschiedsgerichtshof, die Kernarbeitsnormen der internationalen Arbeitsorganisation gestärkt werden, soziale Daseinsvorsorge in öffentlicher Regie möglich und demokratisch beschlossene Marktregulierung, solange sie für alle gleich gilt, unangetastet bleibt. Man kann leider nicht davon ausgehen, dass Verhandlungen mit den USA derzeit in gleicher Weise erfolgreich sein würden. Doch sicher ist, dass wir hinter ein einmal erreichtes fortschrittliches Paradigma der Handelspolitik nicht wieder zurückgehen können. Diese Chance auf dem Weg in eine andere Globalisierung sollten wir nicht leichtfertig vergeben. Nationaler Protektionismus hilft uns nicht voran. Im Gegenteil, er schließt uns ein und macht uns schwach.

In Deutschland und auch in anderen Ländern Europas haben wir nach dem Zweiten Weltkrieg den Kapitalismus erfolgreich durch den Sozialstaat gezähmt und ihn damit nicht nur gesellschaftsfähig gemacht, sondern auch erfolgreich. Jetzt geht es darum, den inneren Frieden der Gesellschaften auch international zu erreichen. Das ist nicht leicht, und vermutlich halten viele es heute für illusionär. Aber das galt für freie Wahlen, Demokratie, Krankenversicherung, Rentenansprüche und vieles andere mehr Ende des 19. Jahrhunderts auch. Kluge Liberale und Sozialdemokraten wissen: Eine bessere Welt kommt nicht von allein. Jeder Schritt in die richtige Richtung ist wichtig und macht die Welt etwas freier, demokratischer und gerechter. Niemand hindert uns im 21. Jahrhundert daran, diese Erfahrung des 20. Jahrhunderts erneut erfolgreich umzusetzen.

HERAUSFORDERUNG FORTSCHRITT

Vorfahrt für Investitionen

Hinter den großen Verunsicherungen in der internationalen Politik scheint die lange Zeit alles beherrschende Sorge bei der Mehrzahl der Menschen in Deutschland in den Hintergrund getreten zu sein: die Sorge um den eigenen Arbeitsplatz. Die Arbeitslosigkeit ist so niedrig wie nie seit der Wiedervereinigung. Das Wachstum ist zurück. Nach Raten von nur 0,4 und 0,3 Prozent in den Jahren 2012 und 2013 hat Deutschland in der Zeit der Großen Koalition von SPD und CDU/CSU seine Wirtschaftsleistung jährlich zwischen 1,6 und 1,9 Prozent gesteigert. Dieser wirtschaftliche Erfolg wurde hart erarbeitet durch Unternehmen und Arbeitnehmerinnen und Arbeitnehmer. Aber auch die Wirtschafts- und Arbeitsmarktpolitik der Bundesregierung muss irgendetwas richtig gemacht haben!

Gerade in dieser aufgewühlten Zeit ist das ein politischer Erfolg, den man gar nicht hoch genug einschätzen kann. 43,5 Millionen Menschen finden Arbeit in unserem Land. So viel wie noch nie zuvor in der Geschichte der Republik. Die Zahl der sozialversicherungspflichtigen und fair bezahlten Arbeitsplätze steigt, und die Zahl schlecht bezahlter Jobs sinkt. Es ist eben nicht nur irgendwelche Arbeit, sondern Arbeit mit steigenden Einkommen, die wir brauchen: Die Tariflöhne sind in den letzten Jahren gestiegen. Wir haben wieder Reallohnzuwächse für die arbeitende Mitte unserer Gesellschaft. Und in der Folge steigen auch die Renten so stark wie seit 20 Jahren nicht mehr.

Eine einfache Zahl zeigt, was sich geändert hat: Im Durchschnitt hat heute jeder Arbeitnehmer jedes Jahr rund 1000 Euro mehr im Portemonnaie als zu Beginn dieser Legislaturperiode. Keine Frage: Wenn der Durchschnitt des verfügbaren Arbeitnehmereinkommens um 1000 Euro im Jahr gestiegen ist, heißt das auch, dass nicht alle davon profitieren. Auch das gehört zur Wahrheit: Immer noch arbeiten zu viele Menschen vor allem im Dienstleistungssektor zu schlechten Löhnen. Zu viele sind auf schlecht bezahlte Leih- und Zeitarbeit und Werkverträge angewiesen. Deshalb dürfen wir uns mit dem Erreichten nicht zufriedengeben.

Aber eines ist der SPD in der Regierungsarbeit der Großen Koalition gelungen: Die Richtung ist endlich wieder die richtige. Guter Lohn für gute Arbeit. Das hat Deutschland zu dem Erfolg gebracht, von dem wir heute leben.

Was für ein Wandel in unserem Land: Noch vor wenigen Jahren bewegte sich die Arbeitslosigkeit auf deutlich über fünf Millionen Menschen zu. Heute haben wir in vielen Regionen Deutschlands Vollbeschäftigung. Gestritten wird in Deutschland nicht mehr über den Ausgleich von Defiziten, sondern über die Verteilung von Überschüssen! Und kaum auszudenken, wie die Stimmung in Deutschland angesichts der großen Zuwandererzahlen ohne diese gute Entwicklung am Arbeitsmarkt wäre. Es zeigt, worauf es ankommt: Weil unsere Wirtschaft jedes Jahr solide gewachsen ist und weil mit der Beschäftigung auch die Löhne gestiegen sind, sind auch die Einnahmen des Staates und der Sozialversicherungen entsprechend gestiegen. Das hat auch die soziale Stabilität des Landes gesichert.

Es gibt keinen Grund, diese Entwicklung für eine Selbstverständlichkeit zu halten. Im Gegenteil: Vor Selbstzufriedenheit und Selbstsicherheit muss gewarnt werden. Denn wir leben von Rahmenbedingungen, die andere vor uns geschaffen haben. Und trotz mancher Fehler und notwendiger Korrekturen kann die SPD selbstbewusst sagen: Deutschland profitiert immer noch von der Wirtschafts- und Gesellschaftspolitik der Regierungszeit des sozialdemokratischen Kanzlers Gerhard Schröder. Gemeinsam mit Bündnis 90/Die Grünen schufen die Sozialdemokraten damals die Grundlagen für unsere heutige wirtschaftliche Stärke. Über den Anteil, den die gesellschaftlich umstrittenen Sozialreformen der »Agenda 2010« daran hatten, mag man geteilter Meinung sein. Aber die Erfolgsgeschichte der erneuerbaren Energien, die Erhöhung des Anteils von Forschung und Entwicklung, die Investitionen in die Infrastruktur und vor allem die gerade auch von den Gewerkschaften geforderte Verteidigung der industriellen Kerne sind unumstritten die Grundlage des heutigen wirtschaftlichen Erfolgs Deutschlands.

Die wichtigste Richtungsentscheidung des SPD-Bundeskanzlers Gerhard Schröder war es aber wohl, Deutschland Anfang der 2000er-Jahre nicht in die Richtung des ökonomischen Mainstreams zu führen: Denn der empfahl – von den Wirtschaftswissenschaften bis zu den Medien – die Abkehr vom Modell einer Volkswirtschaft, die ihre Erfolgsgrundlagen in industrieller Produktion und verarbeitendem Gewerbe hat. Stahl, Chemie, Maschinenbau, Elektrotechnik und selbst die Automobilproduktion: Das alles und noch weit mehr wurde zur sogenannten Old Economy erklärt, von gestern und in modernen Volkswirtschaften überflüssig, besser geeignet für die Niedriglohnstandorte in Asien. Die eigentliche New Economy sollte in Dienstleistungen, Telekommunikation und vor allem in Finanzmärkten und Finanzdienstleistungen entstehen. Besonders »kluge« Zeitgenossen empfahlen noch, dass Deutschland sich auf Forschung und Entwicklung konzentrieren, die Produktion aber anderen preiswerteren Standorten überlassen solle. So als ob Investitionen in Forschung und Entwicklung nicht auch über kurz oder lang den Produktionsstandorten folgen würden. Ich erinnere mich noch gut daran, wie selbst Vertreter von sozialdemokratischen Regierungen wie der Labour Party von Tony Blair sich geradezu lustig machten über das Festhalten Deutschlands an seiner industriellen Basis.

Die Hybris dieser wirtschaftspolitischen Ideologie drückte sich dann auch sprachlich darin aus, dass der Finanzsektor sich selbst als Finanzindustrie bezeichnete – bis heute übrigens. So als würden dort wie im Industriezeitalter tatsächlich Werte geschaffen. Vorbei die Zeit, in der dieser Teil der Volkswirtschaft eine dienende Funktion hatte. Er wollte und kam leider auch ins Zentrum des wirtschaftlichen und politischen Geschehens. Bis heute gibt es einen Börsenbericht vor der abendlichen Tagesschau.

Das Ergebnis ist bekannt: Die Finanzblase platzte, und es war der bis dahin fast schon geächtete Staat, der Banken und Finanzmärkte vor dem Kollaps retten musste, um noch schlimmere Schäden in allen Volkswirtschaften der Welt zu verhindern. Gewinne waren zuvor privatisiert worden, die Verluste wurden jetzt sozialisiert. »Postfaktisch« war die Ideologie der »Finanzindustrie« wohl. Und wenig hat beim Vertrauensverlust in die demokratische Politik so brandbeschleunigend gewirkt wie diese Phase des fast vollständigen Kontrollverlusts über die zuvor entfesselten Finanzmärkte. »Für die Banken habt ihr Milliarden, wenn's um meine Rente geht, ist angeblich nicht genug Geld da.« Keinen Satz habe ich seitdem so häufig gehört wie diesen. Wobei man »Rente« beliebig durch alles ersetzen kann, wofür angeblich in der Vergangenheit kein Geld da war: Lehrer, Polizisten, Schulsanierungen …

Deutschland kam aus dieser Krise schneller und besser heraus, weil das Land seine industriellen Wertschöpfungsketten gerade nicht aufgegeben hatte. Und aktuell erleben wir bei der Digitalisierung, dass es gerade nicht um »new« oder »old« geht, sondern immer um die »next« Economy: Neue, datenbasierte Verfahren werden in die klassische Industrie- und Dienstleistungsstruktur unseres Landes integriert, um daraus neue Produkte, neue Verfahren und neuen wirtschaftlichen, sozialen und ökologischen Erfolg zu generieren. Industrie 4.0 ist inzwischen zu einem neuen »Made-in-Germany«-Label geworden, und unser Land hat die Chance, der Industrialisierer der Welt zu bleiben. Denn das waren und sind wir mit alldem, was wir Anfang der 2000er-Jahre nicht aufgegeben haben. Rund 22 Prozent unseres Bruttoinlandprodukts stammen aus industrieller Produktion. Das ist immerhin knapp doppelt so hoch wie in den Vereinigten Staaten und weit höher als in fast allen anderen EU-Mitgliedstaaten. Auch wenn nur noch weniger als 25 Prozent der Beschäftigten im verarbeitenden Gewerbe Arbeit finden, so hängt der Wohlstand des gesamten Landes doch entscheidend davon ab.

Es ist die Innovationskraft der deutschen Industrie und hier vor allem des industriellen Mittelstandes, die Deutschland zu seiner Exportstärke verhilft. Und Millionen von Arbeitsplätzen im Dienstleistungsbereich, in der Forschung und auch im öffentlichen Dienst hängen davon ab. Ohne die starken Wertschöpfungsketten – von der Rohstofferzeugung bis hin zum industriellen Produkt – wäre unser Land buchstäblich ärmer. Das wäre spürbar weit über den industriellen Sektor hinaus, denn auch die Finanzkraft für Bildung, Forschung, öffentlichen Dienst oder Umweltschutz will verdient sein. Das geschieht nicht in der sogenannten Finanzindustrie oder dem viel zu häufig schlecht bezahlten Dienstleistungssektor, sondern in diesen starken Wertschöpfungsketten des produzierenden Gewerbes und der Industrie.

Es gehört auch zu den Aufgaben der Politik, das stärker ins öffentliche Bewusstsein auch bei den Teilen unserer Bevölkerung zu heben, deren Erwerbstätigkeit nicht unmittelbar mit Industrie und verarbeitendem Gewerbe in Verbindung steht oder zu stehen scheint. Denn zu einer erfolgreichen Industriegesellschaft gehören auch Belastungen: Verkehrswege, Hochspannungsleitungen, Pipelines und vieles andere mehr. Nicht selten fehlt es in unserem Land an Akzeptanz für all das. Deutschlands Wohlstand stammt aus unterschiedlichsten Quellen: Gute Bildung, qualifizierte Arbeitnehmerinnen und Arbeitnehmer und ihre starken Gewerkschaften, pfiffige Ingenieure, Techniker, Forscherinnen und Forscher und verantwortungsbewusste Familienunternehmerinnen und -unternehmer gehören dazu. Aber eben auch eine exzellente Infrastruktur, die in den letzten Jahrzehnten weder ausreichend instand gehalten, geschweige denn modernisiert wurde. Das muss sich ändern!

Dafür brauchen wir den Einsatz finanzieller Mittel durch den Staat, die er durch eine gerechtere Steuerpolitik auch generieren kann. Dafür brauchen wir die Akzeptanz in der Bevölkerung. Und eine Gesetzgebung, die nicht bis ins Absurde verfeinert werden darf: Dass bereits der Ersatz einer maroden Brücke ein erneutes jahrelanges, manchmal jahrzehntelanges Planungsverfahren erfordert, als sei es ein völlig neues Projekt »auf der grünen Wiese«, zeigt, wie sehr wir die eigentlichen Zielsetzungen der Güterabwägung und des Gemeinwohls in unserer Gesetzgebung teilweise aus dem Auge verloren haben. Und noch etwas muss die Politik ehrlicherweise zugeben: Ja, erfolgreiche Industriegesellschaften haben auch Risiken. Was wir gelernt haben sollten aus den Irrwegen und Fehlern der industriellen Entwicklung, ist, eine angemessene Technikfolgenabschätzung zu betreiben. Und keine Risiken einzugehen, die nicht zu begrenzen oder die unumkehrbar sind. Die Nutzung der Atomenergie zur Stromerzeugung war ein solches unumkehrbares Risiko, denn selbst nachdem das letzte Atomkraftwerk abgeschaltet ist, bleibt der nukleare Abfall noch Hunderttausende von Jahren eine Belastung für die Menschheit. Die prinzipielle Reversibilität getroffener Entscheidungen ist ein guter Beurteilungsmaßstab für den Umgang mit technologischen Risiken.

Umgekehrt sollten wir uns aber davor hüten, Versprechen abzugeben, dass wir jedes Risiko ausschließen könnten. Die Hysterie, mit der im Land der Ingenieure immer wieder über technologische Entwicklungen diskutiert wird, ist kaum zu verstehen. Wenn beispielsweise die weltweiten Klimaschutzexperten gerade Deutschland auffordern, technische Wege für die Abscheidung und Lagerung von CO_2 zu entwickeln, weil ohne diese Technologie vor allem in den großen neuen Industrienationen die Brückentechnologien in das Zeitalter der erneuerbaren Energien fehlen, dann war die öffentliche Diskussion über die angeblich unvertretbaren Risiken dieser Technologie in unserem Land mehr als unangemessen.

Ausgerechnet diejenigen, die ansonsten jeden Expertenbericht zum Klimaschutz zum Maßstab für politisches Handeln erheben, verglichen die CCS-Technologie mit den Risiken der Endlagerung nuklearer Abfälle. Inzwischen wird die Technologie mithilfe deutscher Finanzierung in Europa entwickelt – nur nicht in Deutschland. Derlei Beispiele gibt es mehrere: So hat die massive Ablehnung der sogenannten roten Bio- bzw. Gentechnologie mit zur Abwanderung dieses Teils der pharmazeutischen Industrie in die USA und in andere Länder beigetragen. Inzwischen werden die daraus entwickelten Medizinprodukte wie selbstverständlich auch hierzulande eingesetzt.

Worum es also geht, ist eine angemessene Risikoabwägung, aber auch die Bereitschaft, vertretbare Risiken und auch Belastungen einzugehen. Eine aufgeklärte und kritische Diskussion darüber ist Aufgabe der Politik – insbesondere sozialdemokratischer Politik. Denn wie keine andere politische Bewegung weiß die Sozialdemokratie um die Chancen und Risiken der Industrialisierung.

Wenn wir auch 2025 noch sozial sicher und kulturell vielfältig leben wollen, müssen wir jetzt erneut anpacken, um die wirtschaftliche Dynamik unseres Landes zu erhalten. Wirtschaftlicher Erfolg ist gewiss nicht alles. Aber ohne wirtschaftlichen Erfolg würden wir weit weniger in Bildung oder innere Sicherheit investieren können. Und weder sozial Schwachen noch Flüchtenden könnte angemessen geholfen werden.

Die Risiken für die wirtschaftliche Entwicklung sind nicht gerade klein. Unsere aktuell gute Lage hat viel mit extrem niedrigen Zinsen, niedrigen Rohstoff- und Ölpreisen und einem für unseren Export guten Wechselkurs zu tun. Nichts davon kann man auf Dauer als gegeben voraussetzen.

Dazu kommen weitere Risikofaktoren: Die Weltwirtschaft hat wenig Schwung. Die Aussichten für Exporte und die Anreize für Investitionen der Unternehmen verbessern sich allenfalls zögerlich. Die Krise in Europa ist nicht ausgestanden. Im Gegenteil, die wirtschaftlichen und politischen Gegensätze und nationalen Vorurteile haben weiter zugenommen. Krieg und Bürgerkrieg erschüttern die europäische Nachbarschaft: ganz nah die Ukraine und der Nahe Osten. Wie nah, das haben wir durch die große Zahl von Flüchtlingen zu spüren bekommen.

Durch nationales Handeln allein werden wir uns gegen diese Risiken nicht schützen können. Aber wir können unsere Voraussetzungen verbessern. Und dazu müssen wir mehr investieren! In Bildung und Qualifizierung, in Forschung und Entwicklung, in die traditionelle Infrastruktur von Verkehrswegen, Energie- und Rohstoffversorgung ebenso wie in die moderne Infrastruktur für die Digitalisierung unseres Landes.

Wir haben damit begonnen: Die Investitionen des Bundes allein sind seit Beginn der Legislaturperiode um 34 Prozent gestiegen und erreichen mit dem Haushalt 2017 mehr als 36 Milliarden Euro, insbesondere durch Investitionen in Bildung, Forschung und Infrastruktur.

Aber unser Land ist längst nicht mehr so modern aufgestellt, wie wir vielleicht denken. Der Nachholbedarf an Investitionen ist enorm. 34 Milliarden Euro beträgt der Investitionsstau alleine in unseren Schulen. In den Städten und Gemeinden hat sich der Investitionsbedarf auf über 100 Milliarden Euro erhöht. Und bei Straßen, Brücken, Schienen und Wasserwegen ist er noch viel höher.

Will unser Land weiter eine erfolgreiche Volkswirtschaft mit gut bezahlten Arbeitsplätzen bleiben, dann werden wir aber nicht nur den Investitionsstau der Vergangenheit aufholen müssen, sondern vor allem die Zukunftsinvestitionen nicht vernachlässigen dürfen. Wir freuen uns jährlich darüber, dass wir das europäische Ziel eines Anteils der Forschungsausgaben von 3 Prozent am Bruttoinlandsprodukt erreichen. Vor allem, weil der europäische Durchschnitt gerade mal bei 2 Prozent liegt. Nur liegen unsere technologischen Wettbewerber nicht in den Nachbarländern der Europäischen Union, sondern in Asien. In Südkorea aber liegt der Forschungs- und Entwicklungsanteil bei 4 und 4,5 Prozent. Es sind vor allem die zu geringen Nettoinvestitionsquoten in den Unternehmen, die uns zurückfallen lassen. Um sie zu erhöhen, werden wir Anreize setzen müssen – auch steuerliche.

Und noch größer ist die Aufgabe bei der digitalen Infrastruktur. Das Ziel, überall in Deutschland – auch in den ländlichen Regionen – im Jahr 2018 eine Informationsgeschwindigkeit von 50 Megabit pro Sekunde zu erreichen, ist gut. Aber wir alle wissen: Das wird bei Weitem nicht reichen. Deutschland und Europa brauchen viel schnellere Gigabit-Netze. Das lässt sich nur mit Investitionen in Glasfaser erreichen. 100 Milliarden Euro würde das in den kommenden zehn Jahren kosten – 20 Prozent vom Staat, 80 Prozent von der privaten Wirtschaft. In vielen Ballungsräumen rentieren sich die Investitionen der Privaten rasch. Nicht aber in allen Regionen unseres Landes. Deshalb sollten wir schnellstmöglich einen Digitalisierungsfonds auflegen, der schnelles Internet in alle Teile Deutschlands bringt.

Der Aufstieg Deutschlands und großer Teile Europas zu weltweit führenden Wirtschaftsnationen mit einem relativ großen Wohlstand gründet sich auf sehr hohe Innovationsleistungen unserer Forscherinnen und Forscher und Ingenieure, mutige Unternehmerinnen und Unternehmer und eine hoch qualifizierte Arbeitnehmerschaft. Aber eben auch auf eine traditionell sehr gute Infrastruktur. Schon aus diesem Grund sollten sich Deutschland und Europa das Ziel setzen, spätestens im Jahr 2025 die beste digitale Infrastruktur der Welt zu besitzen. Alles andere ist den Möglichkeiten unseres Landes und Europas nicht angemessen.

Das alles kostet aber Geld. Doch selten waren Investitionen so preiswert zu haben wie in der aktuellen Phase extrem niedriger Zinssätze. Es ist einfach wirtschaftlicher Unsinn, ausgerechnet jetzt nicht mit aller Kraft zu investieren. Natürlich müssen wir alle Haushaltsspielräume und -überschüsse dafür nutzen. Mehr noch: Auch Schulden sind wirtschaftlicher, als die Infrastruktur noch weiter verrotten zu lassen, Zukunftsinvestitionen zu verschlafen und in einer Phase deutlich höherer Zinsen viel mehr Geld ausgeben zu müssen als heute.

Es gibt allerdings eine Einschränkung für die Ausgabenpolitik des Staates: Schulden machen für Investitionen ist vernünftig, weil sie sich selbst bezahlt machen. Schulden machen für dauerhafte konsumtive Ausgaben ist grundfalsch, denn sie belasten die Haushalte noch mehr, wenn die Bedingungen wieder schwieriger werden: wenn Zinsen steigen, die Konjunktur nicht mehr so gut läuft oder die Energie- und Rohstoffpreise wieder anziehen.

Steigen diese Zinsen wieder, wird aus dem Haushaltsüberschuss schnell ein Haushaltsdefizit. Dabei wollen wir ja eigentlich europaweit wieder höhere Zinsen, denn sonst werden die privaten Vorsorgeleistungen vieler Versicherten und Sparer dauerhaft entwertet.

Wir sind also gut beraten, die Zeit guter wirtschaftlicher Bedingungen, niedriger Zinsen und eines ausgeglichenen Staatsbudgets dafür zu nutzen, in die wirtschaftliche Zukunft unseres Landes und auch in die Europas zu investieren. Deutschland kann weit mehr tun, als es derzeit tut.

Vor allem aber sollten wir keine großen Steuersenkungsversprechen abgeben. Die von CDU und CSU angekündigten Wahlversprechen für die Bundestagswahl sind bereits gigantisch. Am Anfang stand die Ankündigung, den kompletten Soli abschaffen zu wollen: 20 Milliarden Euro weniger also. Damit die Länder ihren Dauerstreit einstellen, zahlt der Bund zudem im neuen Bund-Länder-Finanzausgleich dauerhaft mehr als 9 Milliarden Euro an die Bundesländer. Und seit Kurzem werden nochmals 15 Milliarden Euro für eine allgemeine Einkommensteuersenkung versprochen. Das alles summiert sich auf rund 45 Milliarden Euro. Dazu kommt, dass diese Steuersenkungen die normalen Arbeitnehmer nur in geringem Maße erreichen, dafür aber Menschen mit hohen und höchsten Einkommen umso mehr.

Das ein »bisschen zu viel des Guten« zu nennen, wäre die Untertreibung des Jahres. Wer glaubt eigentlich an solche Versprechen? Ich vermute, nicht mal diejenigen, die sie abgeben. Wenn man es ernst meint mit Entlastungen, dann muss man vor allem eines tun: nicht mit der Gießkanne übers Land ziehen und allen alles versprechen. Wir müssen nicht alle Einkommen steuerlich entlasten, sondern die mittleren und kleinen. Vor allem für Alleinerziehende und Familien müssen wir mehr tun. Da bieten sich dann die Sozialabgaben weit eher an als die Steuern. Und am meisten haben Familien davon, wenn wir für alle endlich die Gebühren in Kindertagesstätten abschaffen.

Solche gezielten Entlastungen für Menschen, die es wirklich spüren und brauchen, sind machbar und glaubwürdig. Und doch sage ich, dass wir für die Zukunft unserer Kinder am besten vorsorgen, wenn wir Vorfahrt für Investitionen zu unserem Motto machen. Und das bedeutet: Wir müssen in die Wettbewerbsfähigkeit unserer Volkswirtschaft investieren. Wenn man das tun will, verbieten sich unrealistische Ankündigungen für Steuersenkungen allerdings auch für allzu große neue dauerhafte Sozialleistungen. Wenig versprechen, das aber halten, ist ein weitaus glaubwürdigeres Angebot an die Bürgerinnen und Bürger unseres Landes.

Die Demokratie im digitalen Zeitalter

Das Internet ist ein junges Phänomen. Wer heute Mitte 40 oder älter ist, hat als Teenager weder Mails geschrieben noch Facebook benutzt, um sich mit Freunden auszutauschen. Die heute 20-Jährigen sind indes hineingeboren in das digitale Zeitalter. In den letzten zwei Jahrzehnten hat sich die Welt nicht nur politisch fundamental verändert, sondern auch ökonomisch. Globale und mächtige Unternehmen sind in kurzer Zeit entstanden: Amazon wurde 1996 gegründet, Facebook 2004, Youtube 2005, Twitter 2006, und wer die genauen Daten im Gespräch gerade nicht parat hat, muss keine Nachschlagewerke in der Bibliothek aufblättern, sondern klickt ein Stichwort in sein Smartphone und wird bei Wikipedia informiert, der 2001 gegründeten, kollaborativ und unentgeltlich gespeisten Internet-Enzyklopädie mit ihren 30 Millionen Artikeln in 280 Sprachen, geleitet übrigens durch die Suchmaschine Google, die am Tag der Bundestagswahl 1998 online gegangen ist.

Die Macht der digitalen Revolution liegt darin, dass kein Mensch direkt gezwungen wird mitzumachen. Vielmehr *will* jeder dabei sein und tut es aus freien Stücken. Die Nutzung dieser Technologie ist inzwischen in der Wirtschaft unvermeidbar. Und im privaten Leben ist sie auch Ausdruck und Bestandteil eines Lebensgefühls von Modernität. Die digitale Welt ist zu der Welt geworden, in der die Mehrheit lebt. Nur Eremiten könnten dem von Hans-Magnus Enzensberger erteilten Rat folgen, das Mobiltelefon wegzuwerfen und sich mehr oder weniger freiwillig ins Tal der Ahnungslosen zu setzen. Die große Mehrheit will dort dabei sein, wo schon heute die Zukunft stattfindet.

Auf den Punkt gebracht: Es ist kein äußerer Feind, der mit der Beherrschung unserer Lebenswelt droht. Es sind die Emotionen und Identitäten des modernen Menschen selbst, die zur Debatte stehen. Denn die Revolution des »Personal Computers«, Urahn aller Smartphones, hat dazu geführt, dass der Mensch sich technologisch bereichert und nicht enteignet fühlt. Deshalb geht es auch nicht darum, einer neuen »Maschinenstürmerei« das Wort zu reden.

Gleichwohl hat Evgeny Morozov recht in seinem unerbittlichen Beitrag »Wider digitales Wunschdenken«: Wir müssen die Mystifizierungen, die »das Internet« umgeben, entzaubern. Denn so verführerisch glatt, bunt und simpel uns die Nutzeroberfläche des digitalen Wandels entgegentritt, so abgründig und undurchdringlich erscheinen dem durchschnittlichen User Programmierungen, Rückkopplungen und Abhängigkeiten hinter der glitzernden Fassade des World Wide Web. Die Aufforderung, in Zukunft in unseren Schulen Programmiersprache zum Pflichtfach zu machen, ist alles andere als absurd. Ihre Kenntnis bestimmt jedenfalls mehr über die persönliche Autonomie im digitalen Zeitalter als die Kenntnis antiker Sprachen.

Es beginnt mit einer Sensibilisierung für Sprache und Begriffe, die uns vom und im Netz angeboten werden. »Cloud« etwa ist eben keine Wolke wie im Werbehimmel, sondern, wie Evgeny Morozov schreibt, ein Bunker in Utah, USA. Es sind gewaltige stromfressende Rechnerfabriken, denen wir unsere persönlichen Daten überlassen. »Smart« ist ein weiteres dieser Zauberworte. Kleinstcomputer, Telefone, Uhren, aber auch Feuermelder oder Autoelektronik, die als »intelligent« gilt, sorgen zugleich dafür, dass unsere Bewegungen und Handgriffe, unsere Vorlieben und Gewohnheiten als Datenspuren lesbar, speicherbar, vernetzbar und kommerzialisierbar werden.

Längst ist klar: Die von vielen inzwischen als unverzichtbar begriffenen Smartphones »beobachten« ständig unsere Bewegungen, dokumentieren unser (nicht nur) kommunikatives Verhalten, messen und übermitteln dies alles an gigantische Rechnerzentren. Die scheinbar harmlose Miniaturmaschine in der Innentasche unserer Anzüge und Jacken hat ein Eigenleben entwickelt. Die »Suchmaschine« Google wird missverstanden: Sie ist kein Instrument, dessen man sich bedient wie eines passiven Werkzeugs der analogen Welt. Sie ist ein Instrument, das selbst aktiv wird, und zwar auf eine für uns unsichtbare Art und Weise. Jedes Mal, wenn wir mit Google suchen, sucht Google uns, nimmt Informationen über uns auf, die für gezielte, personalisierte Werbung verkauft werden können, aber grundsätzlich auch unserer Bank, unserer Krankenkasse, unserer Kfz- oder Lebensversicherung oder bei Bedarf einem Geheimdienst zur

Verfügung stehen. Und nichts ist kostenlos, sondern bezahlt wird mit persönlichen Daten – und wenn wir nicht aufpassen, am Ende auch mit persönlicher und gesellschaftlicher Freiheit.

Dasselbe Prinzip gilt für »smart driving«, »smart home«, für »smarte« Kleidung, für die gesamte Durchdringung unserer Lebenswelt. Die Produkte verlieren damit ihre Unschuld. Mit jeder Berührung aktivieren wir ein digitales Echo, eine Rückkopplung mit den unserer Kontrolle entzogenen Datenspeichern, die sich zur lückenlosen Lesbarkeit des Menschen auswachsen. »Ich lese und werde gelesen. Ich kaufe und werde Produkt«, schrieb Frank Schirrmacher in seinem Appell an die Adresse der Sozialdemokratie, diese fundamentale Revolution unserer sozialen Welt nicht zu verschlafen. Denn es geht um eine urliberale und eine ursozialdemokratische Aufgabe: den ungezähmten Datenkapitalismus zu bändigen und zu zähmen, ohne ihm seine Innovationskraft und seine individuelle und gesellschaftliche Nützlichkeit zu rauben. Um die Würde des Menschen und seine Freiheit zu bewahren und gleiche Chancen auf Teilhabe und Teilnahme für alle zu schaffen.

Es geht um die Aufklärung dessen, was uns in diesem sogenannten Neuland erwartet: technisch, ökonomisch, in unserer Konsum- und Lebenswelt, vor allem aber in unserem Anspruch auf Freiheit und Demokratie, denn genau dieser Anspruch ist durch eine neue Macht von Datenkonzernen und Geheimdiensten infrage gestellt – vor allem dann, wenn sie miteinander kooperieren. Und es geht auch bei diesem Thema darum, wieder eine politische Zeitgenossenschaft zu begründen, in der über die existenzielle politische Frage diskutiert wird: Wie wollen wir in Zukunft gemeinsam miteinander leben? Die Debatte umkreist sozusagen »das« wichtigste »Stichwort« der »geistigen Situation unserer Zeit«, wie der berühmte Titel des von Jürgen Habermas herausgegebenen Sammelbandes der Gesellschaftskritik Ende der 1970er-Jahre lautete.

Der Springer-Verlagschef Mathias Döpfner und andere haben völlig zu Recht die Politik zum Kampf aufgerufen: Entweder wir verteidigen unsere Freiheit und ändern unsere Politik, oder wir werden zu digital hypnotisierten Mündeln der Datenherrschaft. Aber auch ein Verleger wie Mathias Döpfner hat mit beispielloser Offenheit zugegeben: »Wir fürchten diese neue Macht!«

Was ist jetzt zu tun? Die Fragen richten sich immer ungeduldiger an die Politik. Was tut ihr, die ihr dafür gewählt worden seid, die Freiheit des Bürgers zu schützen und die Grundrechte der analogen Welt im digitalen Zeitalter durchzusetzen? Wenn ihr es nicht schafft, wer denn sonst? Wer entscheidet, nach welchen Regeln wir leben? Wer schützt das Recht? Diese Entscheidungsfrage gehört nicht zuletzt auf die

Tagesordnung der europäischen Politik. Sie gehört in die politische Auseinandersetzung um die Zukunft und die Aufgaben Europas. Denn im nationalen Rahmen ist diese Herausforderung nicht mehr zu lösen.

Nur die Europäische Union hat die Macht, die Politik zu verändern und die Spielregeln neu zu bestimmen. Das Europäische Parlament und die Kommission können den Kampf um die Selbstbehauptung der Demokratie anführen. Denn Europa kann die Größe seines Marktes nutzen, um dem, so Mathias Döpfner, brutalen »Informationskapitalismus« die Stirn zu bieten, dessen Infrastruktur beherrscht wird von einer Handvoll amerikanischer Internetkonzerne, die als globale Trusts nicht nur das Wirtschaftsleben des 21. Jahrhunderts dominieren könnten. Europa steht für das Gegenteil dieser totalitären Idee, jedes Detail menschlichen Verhaltens, menschlicher Emotionen und menschlicher Gedanken zum Objekt kapitalistischer Vermarktungsstrategien zu machen. Zur Würde des Menschen gehört vor allem sein Selbstbestimmungsrecht auch und gerade über seine persönlichen Daten. Und Marktwirtschaft ist für uns etwas anderes als ein »Halsabschneider-Wettbewerb«, bei dem die schier unbegrenzte Marktmacht des einen allen anderen die Bedingungen zur Marktteilnahme vorschreiben kann.

Die europäische Politik ist gefordert und die Aufgabe klar umrissen: Wer diesen Markt in Europa betreten und hier Geld verdienen will, der muss seine »Hausordnung« achten und sich seinen demokratisch legitimierten Gesetzen unterwerfen. Die Europäische Kommission kann, wenn ein klarer politischer Wille sie führt, eine neue Ordnung der Datenökonomie durchsetzen, die für ganz Europa und seine Menschen Datensicherheit und Datenautonomie schafft und damit die Augenhöhe und fairen Wettbewerb wiederherstellt. Deutschland, aber auch alle anderen Partner, die sich dem Diktat der Internetmonopolisten widersetzen wollen, haben ein großes Interesse daran, dass Europa gemeinsam handelt. Denn nur so können wir verhindern, gegeneinander ausgespielt zu werden – mit immer neuen Schlupflöchern, mit Datenschutz- oder Steuerdumping. Europäische Solidarität ist hier wirklich ein Machtfaktor.

Wie stark diese Macht sein kann, hat uns 2014 schlagartig das unerwartete Urteil des Europäischen Gerichtshofs in Sachen Google vor Augen geführt: Erstmals wird der Internetgigant dazu verpflichtet, sensible Daten zu löschen. Und nicht nur das. Das Gericht stellt die Souveränität des Rechts wieder her, indem es sagt, dass Google europäische Standards nicht deshalb umgehen kann, weil es seine Daten außerhalb der EU bunkert und verarbeitet. Die Bürger Europas bekommen durch den Richterspruch die Chance, sich zu wehren gegen eine scheinbar ungreifbare Ausbeutung ihrer persönlichen Informationen. Das sollte uns

Mut machen und auch die Politik zum Handeln an-
treiben.

Unsere Aufgabe als Politikerinnen und Politiker ist es nun, die gesellschaftliche Debatte in prak-
tisches politisches Handeln umzusetzen. Wir haben
vier fundamentale Aufgaben im Kampf um die Freiheit in der digitalen Ära: Wir müssen den Bürgerinnen und Bürgern die Verfügungsmacht über den Gebrauch der digitalen Technologie sichern, und, wo sie
schon entglitten ist, zurückerobern. Das Demokra-
tiegebot, die Fundamentalnorm jeder freiheitlichen
Verfassung, dass jeder selbst über sein Schicksal ent-
scheide, muss auch im Datenzeitalter gelten, wo jeder
selbst darüber befinden soll, wie viele Informationen
er über sich selbst in Umlauf setzt. Wo diese Freiheit
eingeschränkt wird, um zum Beispiel Meldepflichten
oder Strafverfolgung zu ermöglichen, muss dies aufgrund eines Gesetzes und in Übereinstimmung mit
der Verfassung geschehen. Der Grundsatz bleibt un-
erschüttert: individueller Besitz und persönliche Verfügung über eigene Daten. Dies gilt besonders für die
privatwirtschaftliche und kommerzielle Verwertung
unserer Identität. Es muss auch für die »digitale Per-
sonalakte« gelten, für das, was der Arbeitgeber über
den Angestellten wissen will. Voraussetzung und erster Schritt für die Wiedergewinnung digitaler Autonomie ist die heute weitgehend verlorene Transparenz, wer überhaupt welche Daten der Bürger nach

welchen Mustern und zu welchen Zwecken sammelt, speichert und weiterveräußert. Wir brauchen, unter anderem, eine öffentlich regulierte Zertifizierung, eine »Datenschutzampel« für Apps, Software und Social Media. Die Regel heißt: keine Erfassung, keine Verarbeitung und keine Profilbildung, die vom Bürger nicht ausdrücklich autorisiert worden ist.

Die Preisgabe von persönlichen Daten muss außerdem widerrufen werden können. Der EuGH hat es klargemacht: Die Reversibilität von Entscheidungen ist eine entscheidende Garantie der Freiheit. »Löschen« muss zum Grundrecht des digitalen Zeitalters werden. Dazu gehören nun auch gesetzliche Regeln, die kommerzielle Datenverwerter dazu verpflichten, Informationen über eine Person nicht nur unsichtbar zu machen, sondern vollständig aus den Speichern zu entfernen.

Die Europäische Datenschutzgrundverordnung ist ein scharfes Schwert in diesem Kampf: Einwilligung der Nutzer, Portabilität von Daten, Recht auf Löschen sind Teil des Entwurfs. Europäischer Rat, Europäisches Parlament und Europäische Kommission haben die Verordnung im Frühsommer 2016 beschlossen.

Die Wirtschaftspolitik steht vor der fundamentalen Herausforderung, die Ordnung der Sozialen Marktwirtschaft auf die Höhe des digitalen Zeitalters zu bringen. Konstitutive Elemente dieser Ordnung stehen infrage: Die Vertragsfreiheit und der freie Wettbewerb drohen zur Schimäre zu werden, wo die Ungleichheit zwischen den Wirtschaftssubjekten absurde Ausmaße annimmt, wo in neufeudaler Selbstherrlichkeit auftretende Monopolisten sich rechtsstaatlichen Regeln entziehen und notwendige Informationen verweigern. Der klassische Eigentumsbegriff bekommt Risse, wo Gratisangebote ganze auf bezahlte Güter fußende Märkte zerstören oder die unautorisierte Kopie und Verfügbarmachung von Inhalten den Urheber enteignet. Ordnungspolitik ist also gefordert, wo nach der Finanzmarktkrise ein weiteres Mal regellose Märkte und maßlose Marktakteure großen Schaden anzurichten drohen.

Das ist kein Hemmnis, es ist die große Chance neuer wirtschaftlicher Kreativität. Im »Informationskapitalismus«, in dem Daten zum neuen Goldstandard werden, wird Datensicherheit zum Standortfaktor. Ich bin sicher, wir verfügen in Deutschland und Europa über den wissenschaftlichen Erfindergeist, die politische und ökonomische Innovationskraft, um Selbstbestimmung, Sicherheit, würdige Arbeit zu unserem Markenzeichen in der Ära der digitalen Ökonomie zu machen. Dabei müssen wir gerade mittelständische Unternehmen bei der Digitalisierung unterstützen. Wir brauchen ein IT-Sicherheits-Gesetz, das die Unternehmen und den Staat verpflichtet, bessere Schutzvorkehrungen zu treffen. Es kann neue

Investitionen auslösen und den Markt für Sicherheit im Internet vergrößern.

Schließlich: Wirtschaftsministerium und Bundeskartellamt müssen weiter prüfen, ob ein Unternehmen wie Google seine marktbeherrschende Stellung missbraucht, um durch die Beherrschung einer »essential facility«, einer wesentlichen Infrastruktur, Wettbewerber systematisch zu verdrängen. Mit der jüngsten Novelle des Gesetzes gegen Wettbewerbsbeschränkungen bin ich dem Rat der Monopolkommission gefolgt und habe den Zugang zu wettbewerbsrelevanten Daten bei der Prüfung der Marktbeherrschung von Unternehmen ausdrücklich berücksichtigt. Im Bereich der Fusionskontrolle können jetzt auch Übernahmen geprüft werden, deren Marktmacht sich, wie es typisch ist für die digitale Wirtschaft, noch nicht in den Umsatzerlösen, aber in einem besonders hohen Kaufpreis offenbart. Mit einem Grünbuch haben wir weitere Ansätze zur Regulierung von Internetplattformen präsentiert. Dreh- und Angelpunkt dabei ist das Gebot der Nichtdiskriminierung von alternativen Anbietern, die Platzhirsche innovativ herausfordern.

Wir brauchen ein Stoppschild für Steuerdumping. Mindestbesteuerung in Europa ist ein Thema für die Hüter des Wettbewerbs in der digitalen Ära. Es kann doch nicht sein, dass der Internethandel durch aggressive Verlagerung der Gewinne in Steueroasen und Steuerunterbietungsländer radikal der Besteuerung ausweicht, während die normalen Einzelhändler vor Ort, die sich an die Regeln halten, zugrunde gehen. Mit solchen Methoden hat Apple seine Steuern auf im Ausland erzielte Gewinne auf 1 Prozent, Google auf 3 Prozent, Amazon auf 5 Prozent reduziert. Europa muss dagegen härter angehen – und das als ein Stück solidarischen Handelns begreifen. In der digitalen Ökonomie müssen wir sichern, dass der Ort der Wertschöpfung wieder mit dem Ort der Besteuerung übereinstimmt.

Gewinnverlagerungen müssen begrenzt werden: Lizenzzahlungen von global aufgestellten Unternehmen an Briefkastenfirmen in Steueroasen, um ihre Gewinne dort zu konzentrieren, wo kaum oder keine Steuern anfallen, sind einzudämmen. Das wird seit geraumer Zeit sehr bewusst betrieben: Patente liegen bei einer Scheinfirma, und aus den anderen Standorten fließen Gebühren, bis der Gewinn weggerechnet ist. Wir müssen erreichen, dass Lizenzzahlungen nur dann als steuermindernde Betriebsausgabe anerkannt werden, wenn im Zielland eine angemessene Besteuerung erfolgt.

Wir müssen eine Ordnung der Arbeit formulieren, in der die sogenannten »Clickworker« nicht zu den rechtlosen Tagelöhnern der digitalen Moderne werden. Wir sehen, wie Beschäftigte unter einen beispiellosen Überwachungsdruck gesetzt werden können, wenn ihr PC-Bildschirm, die Kamera oder gar Sensoren an ihrem Körper ununterbrochen ihre Produktivität messen und melden. Wir sehen, wie die Arbeit ihren festen Ort, ihre Grenze zur Freizeit, ihre auf Dauer angelegte Vertragsbeziehung zum Arbeitgeber verliert, wie feste Arbeitsplätze durch »Projekte« abgelöst werden, die im Netz ausgeschrieben oder auktioniert werden, damit die schnellsten und billigsten Anbieter von Arbeit zum Zuge kommen, sprich: Alle arbeiten, aber nur der Gewinner wird bezahlt. Die technischen Möglichkeiten zur Zerstörung menschenwürdiger Arbeit lassen sich beliebig weitertreiben. Die entscheidende Frage ist, ob wir dies zulassen und ob wir in einer solchen Welt leben wollen. Diese Debatte müssen wir mit den Gewerkschaften vorantreiben.

Wenn wir zurückblicken auf den Gründergeist des Silicon Valley, dann können wir daraus die Zuversicht ziehen, dass die digitale Ära, die aus kleinen Anfängen mit einer großen Idee gestartet ist, offen bleibt für innovative Ideen, die das Arbeiten und Leben der Menschen zum Besseren verändern. Und dafür brauchen wir Gründerinnen und Gründer, die das auszeichnet, was im utopiehungrigen Kalifornien durchaus einmal vorhanden war: das Gespür für die Emanzipation des Menschen aus unwürdigen Abhängigkeiten. Aufgabe der europäischen Politik ist es, mit der Kraft einer kristallklaren Analyse, aber auch mit der Eingriffsmacht eines großen Wirtschaftsraums in der Lage zu sein, die demokratisch legitimierte Rechts- und Marktordnung des digitalen Zeitalters neu zu formulieren und dann durchzusetzen, ja durchzukämpfen, wo es sein muss.

Wir haben die naive und spielerische Phase des Internets hinter uns gelassen. Wir sehen klarer: Die Gefahren der digitalen Revolution liegen zum einen in autoritären oder gar totalitären Tendenzen, die den Möglichkeiten der Technologie selbst innewohnen, zum anderen darin, dass neue Monopolmächte Recht und Gesetz aushöhlen. Es geht also um nicht weniger als die Zukunft der Demokratie im Zeitalter der Digitalisierung und damit um Freiheit, Emanzipation, Teilhabe und Selbstbestimmung von 500 Millionen Menschen in Europa. Und es ist einmal mehr die Aufgabe von überzeugten Demokraten, den technologischen und wirtschaftlichen mit dem politischen und gesellschaftlichen Fortschritt in Einklang zu bringen. Wenn die Quelle der Gefahr eines digitalen Totalitarismus im Autonomieverlust des Menschen liegt, dann müssen wir von diesem Punkt her unsere politische Antwort entwickeln. Der Kampf um die Demokratie des digitalen Zeitalters ist der Kampf um die Selbstbestimmung des Menschen.

Digitale Emanzipation:
Mutti und Vati haben mehr Zeit

Der nationale IT-Gipfel beschäftigte sich im letzten Jahr mit dem Thema digitale Bildung. Dieser Fokus ist von überragender Bedeutung. Denn die Frage der Bildung steht noch immer im Schatten der technischen und rechtlichen Dimensionen der Digitalisierung. Sie wurde bislang auch zu kleinteilig aufgenommen: Breitbandanschlüsse für Schulen, Tablets für Schüler und Programmieren als Schulfach sind sicher notwendig. Sie liefern die Hardware der digitalen Bildung. Aber sie erfassen bei Weitem nicht hinreichend, worum es eigentlich geht. Nämlich darum, die Software zu beherrschen, ein neues Betriebssystem der Bildung im 21. Jahrhundert zu verstehen und zu vermitteln.

Die Digitalisierung führt in ein neues Maschinenzeitalter. Dies ist eine technologische Transformation mit universellen Folgen. Berufe gehen unter, andere entstehen neu. Arbeit wird neu definiert. Der Wandel hat die Gesellschaft erfasst und die sozialen Beziehungen verändert. Das ist mittlerweile in vielen Büchern, Zeitungsartikeln und Blogs beschrieben worden. Ganz überwiegend steht dabei die Sorge im Mittelpunkt, dass der Mensch in neue Abhängigkeiten gerät, die er nicht durchschaut.

Internetkritiker folgern, dass der Mensch der digitalen Moderne den Status eines mündigen Bürgers verliert. Was erkennbar schwerfällt, ist der Schritt von dieser dunklen Vorhersage zu einer positiven Erwiderung. Sie müsste ebenso umfassend ausfallen wie die Aufforderung aus der Epoche der Aufklärung, den Ausgang aus der selbst verschuldeten Unmündigkeit zu finden. Digitale Bildung kann den Weg zu diesem Ausgang weisen. Sie darf allerdings nicht zur bloßen Technikanwendung kleingeredet, sondern müsste im Gegenteil gesellschaftspolitisch ausgeweitet werden zum fundamentalen Orientierungswissen des 21. Jahrhunderts. Es geht erneut um den einst von Humboldt formulierten Anspruch der Bildung als Weg zu Selbstbestimmung und Emanzipation. Auch im digitalen Zeitalter geht es um Bildung zu Kompetenz und Orientierung. Kompetenz zum Verständnis und zur Beherrschung der Technologie, aber eben auch Orientierung in einer komplexen digitalen Welt.

Die Angst vor Fremdbestimmung in der digitalen Gesellschaft hat vor allem mit dem Kontrollverlust über Informationen zu tun. Das Individuum ist nicht mehr in der Lage, die zunehmende Verfügbarkeit und grenzenlose Vernetzung von Informationen, die etwas mit der eigenen Person zu tun haben, zu übersehen und zu kontrollieren. Dass Daten unser Fahrverhalten lenken, unsere Kaufentscheidung steuern, vielleicht sogar unsere Partnerwahl beeinflussen sollen, empfindet der analoge Mensch noch immer als Zumutung. Und doch zeigen diese Beispiele, wie sehr wir heute bereits das leben, was gestern noch Science-Fiction hieß. Apps und Algorithmen gestalten unseren Alltag, und nicht selten helfen sie uns, versorgen uns mit Kenntnissen, nehmen uns Arbeit ab, verhalten sich nach unseren Vorgaben. Die Benutzeroberfläche ist eben nicht nur bunt, sie funktioniert auch.

Wer nicht nur auf Abwehr schaltet, sondern die erweiterten Möglichkeiten bedenkt, entdeckt viele Vorzüge, von denen unsere Gesellschaft als Ganzes profitiert. Big Data im Straßenverkehr kann die Nerven des Einzelnen genauso wie die Klimabilanz schonen. Wer die Daten aus Detektoren an Fußgängerampeln, Induktionsschleifen im Asphalt und Kameras im Straßenverkehr intelligent vernetzt, kann in Echtzeit konkrete Ergebnisse liefern: weniger Stau, weniger Zeit im Auto, weniger Schadstoffemissionen, mehr freie Parkplätze.

Big Data im Journalismus kann einen Schatz zum Vorschein bringen wie die Panama-Papers. Hier ist es der Süddeutschen Zeitung gelungen, aus dem gigantischen Wust von 2,6 Terabyte Daten ein detailliertes Netz von organisierter Steuerhinterziehung und damit eine fundamentale Gerechtigkeitslücke aufzudecken.

Mit großen Datenmengen zu hantieren, daraus relevante Erkenntnisse zu destillieren und zu nutzen, ist eine grundlegende Bedingung für künftigen unternehmerischen Erfolg geworden, aber eben auch grundlegend, um unsere Fähigkeit zur gesellschaftlichen Innovation zu erhöhen und am digitalen Freiheitsversprechen zu partizipieren. Das geht nur, wenn wir uns zu Big Data als Prinzip der digitalen Schatzsuche bekennen und gleichzeitig die Regeln dafür neu justieren.

Es gehört zu den Kernaufgaben des Staates, die Daten seiner Bürger zu schützen. Oder besser gesagt: die Souveränität jeder Bürgerin und jedes Bürgers über die Frei- und Weitergabe persönlicher Daten zu sichern. Wenn nun der Wert dieser Daten steigt, steigt auch die Bedeutung dieser Aufgabe. Nur sichere Leitungen und Speicher sowie eindeutige Rechte sorgen für Vertrauen in die Digitalisierung und entscheiden letztlich zwischen Datenklau und Datencloud.

Dennoch muss sich unser Verständnis von Datenschutz verändern. Als Informationen noch analog und ortsgebunden vorlagen, sorgten allein die Gesetze der Physik für ausreichend Privatsphäre. Das digitale Pendant muss man aktiv und immer aufs Neue schützen. Das verweist weniger auf eine ständige Abwehrschlacht als auf einen emanzipatorischen Gedanken: Moderner Datenschutz muss die Notwendigkeit und die Fähigkeit zur individuellen Kompetenz im Umgang mit digitalisierten Daten vermitteln.

Der klassische Ansatz der Datensparsamkeit erscheint heute hilflos inmitten einer Welt, in der Kommunikations- und Konsumverhalten, Vernetzung und Sensorik immer neue Datenquellen zum Sprudeln bringen. Für eine Gesellschaft sollte nicht entscheidend sein, ob und wo der Einzelne seine digitale Spur hinterlässt, sondern dass er dies bewusst tun und nach Möglichkeit revidieren, die Spur also wieder löschen kann.

Es geht also nicht mehr um den klassischen Datenschutzbegriff. Er wollte die Erzeugung und Verfügbarmachung von Daten letztlich so gering wie möglich halten. Das ist so ziemlich das exakte Gegenteil der Geschäftsmodelle von Big Data. Stattdessen geht es um Datensouveränität als Ausdruck einer selbstbestimmten und selbstbewussten Entscheidung. Das ist das Gebot der Demokratie im digitalen Zeitalter: dass der Bürger souverän über seine digitale Identität verfügen kann, denn nichts anderes ist die Summe der von ihm und seinem Umfeld generierten Daten. Dieser souveräne Umgang ist ungeheuer anspruchsvoll. Er ist das Herzstück digitaler Bildung. Er muss in mindestens vier Disziplinen erlangt und erlernt werden.

Technische Souveränität: Als eine oft vernachlässigte Nebenwirkung sorgt die Digitalisierung für ein gigantisches Fortbildungsprogramm von Eltern durch ihre Kinder und für unendlichen Gesprächsstoff am Küchentisch. Das ist gut so. Es ist schon eine Erkenntnis, wie man eine App offline schaltet oder wie man den Datenzugriff Dritter auf das eigene Gerät in den Einstellungen unterbindet. Aber es reicht natürlich nicht aus. Denn wer in der digitalen Welt souverän handeln will, muss die Technik beherrschen. Das bedeutet, eine Software nicht nur anwenden, sondern auch programmieren zu können oder ein besseres Verständnis für Mikroelektronik zu gewinnen. Für Schüler ist es ein nicht zu unterschätzendes Bildungserlebnis, etwas selbst programmiert und gebaut zu haben, um erste einfache Probleme zu lösen.

Eine beeindruckende Initiative, um Jugendliche für diese Art praktischer digitaler Kompetenzerweiterung zu begeistern, ist die in Hamburg entstandene »Hacker School«, die inzwischen auch in vielen anderen Städten aktiv ist. Es ist eine Unternehmerinitiative, die privat getragen wird und Nachmittagsangebote für Schüler bietet. Sie praktiziert digitale Aufklärung. Aber natürlich brauchen wir solche Angebote im Regelunterricht, und wir brauchen ein Schulsanierungsprogramm des Bundes, das auch die technische Ausstattung auf die Höhe der neuen Zeit bringt.

Ökonomische Souveränität: Der Preis von Daten korrespondiert damit, was man preisgibt. Das muss man wissen, weil es erklärt, warum die eigenen Angaben für andere attraktiv sind und wie das zentrale

Geschäftsmodell der datenzentrierten Ökonomie funktioniert. Uber als weltweit mächtiger Fahrdienstleister besitzt kein Auto. Airbnb als weltweit mächtiger Übernachtungsdienst verfügt über kein Bett. Youtube als weltweit mächtiges Videoportal dreht keinen Clip. Es sind die Daten der Nutzer, die Plattformen wirtschaftliche Macht verleihen. Die Nutzer selbst liefern das Produkt. Wer in der digitalen Welt souverän handeln will, muss diese Wirkung verstehen. Das gilt für Privatpersonen genauso wie für mittelständische Betriebe, die merken, wie sich etwa eine Plattform wie MyHammer zwischen den eigenen Kontakt mit dem Kunden drängelt. Letztlich sorgt ökonomische Souveränität für ein kritisches Konsum- und Marktverhalten, wie man es auch in der analogen Welt erlernen muss.

Und noch etwas gehört zur ökonomischen Souveränität – nämlich die der Arbeitnehmerinnen und Arbeitnehmer. Denn die Effizienzgewinne der Digitalisierung aller Wirtschaftsbereiche führen letztlich auf einen ganz klassischen Verteilungskonflikt moderner Gesellschaften hin: Wie verteilen sich die Anteile dieser Effizienz- und Produktivitätsgewinne zwischen Unternehmen und ihren Eigentümern einerseits und den Mitarbeiterinnen und Mitarbeitern andererseits? Plattformökonomien bergen die Gefahr, dass die klassischen Modelle der betrieblichen und überbetrieblichen Interessenvertretung der Beschäftigten ausgehebelt werden. Und schon jetzt rufen die Arbeitgeber nach dem Ende der geregelten Arbeitszeit. Am Ende besteht die Gefahr, dass ein Teil der Arbeitnehmerinnen und Arbeitnehmer 50 Stunden und mehr arbeitet und ein anderer Teil null Stunden und arbeitslos wird. Die einen »always on«, die anderen »always out«.

Das digitale Zeitalter kann schnell zur Wiederbelebung marktradikaler Fantasien führen, lästige Tarifverträge, Betriebsräte und Mitbestimmungsstrukturen loszuwerden. Und mit dem Hinweis auf den digitalen globalen Wettbewerb die gesetzlichen Arbeitnehmerrechte gleich mit. Letztlich ist das der alte neoliberale Wein in neuen digitalen Schläuchen. Wer das nicht will, der muss die in zwei Jahrhunderten erkämpften Rechte und Spielregeln des Wirtschaftslebens in unserer Sozialen Marktwirtschaft in der digitalen Welt weiterentwickeln, aber eben nicht abschaffen. Auch am »digitalen Betriebstor« steht kein Schild: Hier endet der demokratische Sektor der Bundesrepublik! Arbeitnehmerinnen und Arbeitnehmer sollen auch im digitalen Zeitalter Subjekte und nicht bloße Objekte unternehmerischer Entscheidungen sein.

Die Digitalisierung bietet sogar große Chancen für eine größere ökonomische Souveränität von Arbeitnehmerinnen und Arbeitnehmern. Denn Effizienz- und Produktivitätsgewinne können auch zu einem neuen Verhältnis zwischen Arbeiten und Leben führen. Für viele Menschen ist ein Mehr an Zeitsouveränität ungeheuer wichtig. Es geht wieder einmal um die »Qualität des Lebens«. 1956 verbanden die Gewerkschaften ihre Forderung nach dem freien Samstag mit einem kleinen Jungen, der auf den Plakaten die eingängige Forderung »Samstags gehört Vati mir« erhob. Ende der 1970er-Jahre startete die IG Metall die Kampagne zur 35-Stunden-Woche mit vollem Lohnausgleich, die leider vielerorts längst wieder zur 40-Stunden-Woche geworden ist. Statt Überstunden und einer unbegrenzten zeitlichen Verfügbarkeit der Mitarbeiterinnen und Mitarbeiter gibt die Digitalisierung auch die Chance, ihre Effizienz- und Produktivitätsgewinne zur Senkung der täglichen oder wöchentlichen Arbeitszeit zu nutzen. Statt des letztlich defensiven Diskurses über das »bedingungslose Grundeinkommen«, das angesichts wegfallender Arbeitsplätze aufgrund der Digitalisierung ein menschenwürdiges Leben ermöglichen soll, ist vielmehr eine offensive Auseinandersetzung um die Verteilung der Digitalisierungsgewinne notwendige. Oder um es auf den Punkt zu bringen: Statt einen Teil der Arbeitsgesellschaft 60 Stunden und mehr arbeiten zu lassen und den anderen Teil null Stunden, ist eine gerechte Verteilung des Arbeitsvolumens auf alle und mehr Zeitsouveränität weitaus angemessener. Ökonomische Souveränität heißt deshalb auch: Der kleine Junge und seine Schwester könnten wieder rufen: »Mutti und Vati haben mehr Zeit für uns.« Und das nicht nur samstags, sondern auch in der Woche.

Psychologische Souveränität: Wer Daten nicht nur schützen, sondern auch nutzen will, glaubt an die Kraft des digitalen Fortschritts. Dass der Kunde über immer mehr Macht und Transparenz verfügt. Dass es vielleicht noch nie leichter und vielversprechender war, ein eigenes Start-up zu gründen. Dass ganz sicher noch nie so viel Bildung und Wissen frei verfügbar war – von der Stanford-Vorlesung bis zur Anleitung für einen Krawattenknoten. Auch diesen Optimismus muss man lernen.

Rechtliche Souveränität: Mit individueller Ertüchtigung ist es nicht getan. Die Regeln für den Besitz von und die Verfügungsgewalt über Daten sind eine Machtfrage, die wirtschaftliche und politische Interessen auf den Plan ruft. Spätestens an dieser Stelle kommt der demokratische Staat ins Spiel, denn während der souveräne Akteur von Bildung, aber auch von Eigeninteresse und Eigeninitiative lebt, müssen staatliche Stellen den Missbrauch von Daten verhindern.

Es bedarf also klarer Regeln, damit Datensouveränität möglich wird. Umso wichtiger ist es, einen europaweiten digitalen Ordnungsrahmen voranzutreiben, einen kontinentalen Kompass für die digitale Souveränität der Bürgerinnen und Bürger.

Das betrifft Fragen des Kartellrechts und des Urheberrechts und natürlich den Datenschutz. Die neue europäische Datenschutzgrundverordnung ist ein Meilenstein, den es nun einzusetzen gilt. Wir sollten nationale Spielräume nutzen, unseren hohen Persönlichkeitsschutz bewahren und klarstellen, in welchen Feldern was zulässig ist.

Der Mensch als Souverän seiner Daten wird ab 2018 enorm von der neuen Grundverordnung profitieren: Die Datenportabilität, das »Recht auf Vergessen«, die Regelungen zu Datenlecks und zur Verwendung verständlicher Sprache stärken die Position des selbstbewussten Nutzers und den digitalen Wettbewerb. Der Einzelne gewinnt wirkungsmächtige Instrumente für seine rechtliche und ökonomische Souveränität. Er gewinnt an Selbstbestimmung und Freiheit. In diesem Geist stellt unser Grünbuch weitere Fragen: Kann es nutzerfreundliche Wege geben, um wie in der analogen Welt private Daten nach Sensibilität abzustufen? Oder: Sind neue Formen der Einwilligung denkbar, die den Wert von Daten besser verdeutlichen?

Antworten darauf müssen dem souveränen Nutzer helfen und einer einfachen Handhabe genügen. Es geht ums Bedienen, nicht ums Belehren. Es muss dem freiheitlichen Gedanken der Digitalisierung folgen, etwas zu tun oder es zu lassen. Denn Freiheit war nie die Einsicht in eine Notwendigkeit, sondern im Gegenteil eher die notwendige Uneinsichtigkeit.

Der souveräne Bürger entscheidet frei, wo er den digitalen Fußabdruck setzt, und er weiß, mit welchen rechtlichen und technischen Möglichkeiten er ihn anonymisieren, die Verfügung einschränken, auf andere übertragen oder gänzlich revidieren kann.

Dies sind die Bedingungen für die Digitalisierung einer demokratischen und freien Gesellschaft, und in diesem Sinne legt digitale Bildung den Grundstein für einen digitalen Gesellschaftsvertrag und für die conditio humana einer neuen Zeit. Bei der digitalen Bildung geht es – wie im humanistischen Bildungsideal – immer noch darum, die Welt zu verstehen. Digitale Bildung vermittelt den Jugendlichen und jungen Erwachsenen die notwendigen Kompetenzen und Orientierungen, um sich in der Welt von heute und von morgen zurechtzufinden, mehr noch: um den Freiheitsanspruch zu erneuern, sein Leben selbstbestimmt und selbstverantwortet zu gestalten. Denn Wissen ist Macht zur Emanzipation. Das ist der digitale Bildungsauftrag.

HERAUSFORDERUNG MIGRATION

Wer, wenn nicht wir

Täglich erreichen uns Nachrichten von Menschen, die über das Mittelmeer oder über die Türkei in die Europäische Union geflohen sind. Was lange Zeit weit entfernt von uns schien, ist eine drängende politische Herausforderung für Deutschland und Europa geworden. Hunderttausende, ja Millionen von Menschen aus dem Nahen Osten und aus Afrika haben sich, oft unter großen Gefahren, auf den Weg gemacht. Wir stehen vor weit mehr als einer administrativen Aufgabe. Europa ist für die Menschen, die kommen, das Ziel großer Hoffnungen auf eine bessere Zukunft. Viele fliehen vor Krieg und Gewalt, alle aber suchen nach einer Zukunft für sich und für ihre Kinder. Bei allen Belastungen, die damit für uns verbunden sind, dürfen wir auch stolz sein: Wir sind für die Zuwanderer das, was Amerika in den letzten mehr als 200 Jahren für viele Europäer war. Wie damals hoffen Flüchtlinge und Migranten auf ein Leben in Freiheit und Sicherheit. Sie erhoffen sich eine bessere Gesellschaft, in der Gerechtigkeit und Solidarität real sind.

Wenn in unserem Land und in Europa jetzt über den richtigen Umgang mit dieser großen Herausforderung gerungen und der Ruf nach Abschottung und Abschreckung immer lauter wird, dann muss es um die Besinnung auf genau diese Grundwerte gehen, auf die so viele Menschen in Not bauen, wenn sie auf Europa blicken. Es sind zugleich die Grundwerte der internationalen Sozialdemokratie: Freiheit, Gerechtigkeit und Solidarität. Diese Einbettung unseres Tuns, das Verständnis für die, die zu uns kommen, der Wunsch nach Gerechtigkeit von denen, die bereits bei uns sind, aber Ungerechtigkeit erfahren, und nicht zuletzt die Solidarität der Helfenden: Das macht die Stärke unserer Gesellschaft aus. Denn daran besteht kein Zweifel: Wir wollen Menschen, die vor Krieg und Bürgerkrieg, Not und Verfolgung Schutz für sich und ihre Kinder suchen, helfen und ihnen eine neue Heimat bieten. Das gebieten uns Anstand, Humanität und Nächstenliebe und nicht zuletzt auch unsere Verfassung. Unser Land ist nicht nur wirtschaftlich stark, sondern auch von großer Mitmenschlichkeit geprägt. Auf beides können wir bauen.

Inzwischen ist die Zahl der Flüchtlinge, die Schutz und Zuflucht, aber auch Migranten, die vornehmlich wirtschaftliche Perspektiven in Deutschland suchen, auf rund 1,2 Millionen Personen seit 2015 angestiegen (nicht eingerechnet diejenigen, die im Rahmen des Familiennachzuges später noch dazukommen werden). Geht die EU-Kommission davon aus, dass Deutschland bei einer angemessenen Verteilung der Flüchtlinge in Europa etwa 20 Prozent der jährlichen Flüchtlinge aufnehmen müsste, so lag die tatsächliche Quote im Jahr 2015 eher bei 40 Prozent. Zur Wahrheit gehört aber auch, dass weit ärmere Länder – z. B. der Libanon oder Jordanien – die Hauptlast tragen. So hat der Libanon bei einer Bevölkerung von rund 3 Millionen Menschen bereits 1,2 Millionen Flüchtlinge aufgenommen.

Niemand sollte gegen seinen Willen zum Verlassen seiner Heimat gezwungen werden. In einer Zeit, in der 65 Millionen Menschen weltweit auf der Flucht sind, kommt der Außenpolitik eine besondere und eine gewachsene Rolle zu: Durch eine Verstärkung präventiver und vorausschauender Instrumente müssen wir weltweit daran arbeiten, Konflikte frühzeitiger zu erkennen, einzudämmen und einzugrenzen und Vermittlung zu fördern. Die Bekämpfung von Fluchtursachen, die Verhinderung und Eindämmung von Kriegen und Konflikten ist zuvorderst eine Verantwortung der Außenpolitik. Spätestens das Jahr 2015 hat uns Deutschen gezeigt, dass sich unser Land nicht wegducken kann, wenn es um diese Aufgabe geht. Die beispiellose Hilfsbereitschaft der Menschen in Deutschland bei der Aufnahme von Bürgerkriegsflüchtlingen bedeutet für viele auch eine direkte Konfrontation mit Konflikten und Krieg, und sie ist gleichzeitig auch eine einzigartige Hinwendung zu Problemen jenseits unserer Grenzen. Und so sind nicht nur die weltweiten Erwartungen an das außenpolitische Engagement Deutschlands gestiegen, sondern auch die Bereitschaft der Deutschen dieser Verantwortung im europäischen Verbund gerecht zu werden.

Eine ganzheitliche Bekämpfung von Fluchtursachen muss aber auch dort weiterbetrieben werden, wo die Eindämmung eines Konflikts nicht gelungen ist. Außenpolitik darf nicht aufhören, weil Krieg herrscht, im Gegenteil. Neben unseren Vermittlungsbemühungen ist es unsere Pflicht, allen Menschen ein Leben möglichst nahe ihrer angestammten Heimat zu ermöglichen. Deshalb war es unverzeihlich, dass durch die Unterfinanzierung der Hilfswerke der Vereinten Nationen die Verpflegungsrationen in den Flüchtlingslagern im Libanon und Jordanien auf 13,50 US-Dollar im Monat halbiert werden mussten. In der Folge brachen aus schierer Not Menschen zu uns nach Europa auf, die nie zuvor an eine lebensgefährliche Flucht über Tausende Kilometer gedacht hatten. Deutschland hat diese Lektion gelernt – wir müssen früher und substanzieller vor Ort helfen. Deshalb hat die SPD in den Jahren seit 2015 durchgesetzt, dass die Mittel für humanitäre Hilfe innerhalb von zwei Jahren deutlich mehr als verdoppelt wurden.

Auch Europa braucht einen neuen Anlauf in der

Bekämpfung der Ursachen für Flucht und Migration. Und Deutschland kann mit neuen außen- und sicherheitspolitischen Initiativen dabei vorangehen. Das beginnt mit den Ländern Europas selbst. Es kann nicht sein, dass Menschen aus Mitgliedstaaten der Europäischen Union sich in ihren Heimatländern so sehr diskriminiert und ausgegrenzt fühlen, dass ihnen nur die Ausreise bleibt. So darf die EU weder tatenlos der Diskriminierung, z. B. der Roma, in europäischen Mitgliedstaaten zusehen noch Korruption, schlechte Regierungsführung und miserable Bildungs- und Aufstiegschancen dulden.

Vor allem aber in der Nachbarschaft der Europäischen Union brauchen wir eine Neubestimmung der europäischen Politik. Krieg und Bürgerkrieg, Armut und repressive Systeme, die ihren Bürgerinnen und Bürgern keine Lebensperspektiven geben, sind die Ursachen für die aktuellen großen Wanderungsbewegungen. Deutschland allein kann dagegen vieles tun, aber am Ende nicht genug ausrichten. Erst gemeinsam mit unseren europäischen Partnern können wir wirkungsvoll zur Bekämpfung dieser Fluchtursachen beitragen: durch die Förderung regionaler Kooperation und Zusammenarbeit und durch Investitionen in die Infrastruktur und den wirtschaftlichen Aufbau von Ländern mit guter Regierungsführung. Wenn wir nicht helfen, die Lebensbedingungen vor allem in den afrikanischen Ländern zu verbessern, wird die Zahl derjenigen, die sich auf den gefährlichen Weg nach Europa machen, zu- und nicht abnehmen.

Die Ursachen der Flucht in den Herkunftsländern zu bekämpfen, erfordert politische Entschlossenheit von uns, finanzielle Mittel, diplomatische Initiativen. Das alles aber wirkt häufig abstrakt und distanziert im Vergleich zur Flüchtlingspolitik im eigenen Land, wo uns die menschlichen Schicksale mit unvermittelter Schärfe begegnen und betreffen und in unglaublich schwierige Entscheidungsfragen verwickeln. In der größten deutschen Erstaufnahmeeinrichtung für Flüchtlinge, im hessischen Gießen, traf ich eine fünfköpfige syrische Familie. Sie hatte eine viermonatige Flucht hinter sich. Zwei ihrer Kinder waren in Damaskus geblieben, weil das im Freundes- und Familienkreis zusammengestotterte Geld für die Schlepperorganisation – immerhin fast 10 000 Euro – nur für fünf Mitglieder der Familie reichte. Was immer ich die Familie über einen herbeigerufenen Dolmetscher fragte, die Antwort war: Es ist gut hier, wir sind glücklich, wir wollen neu anfangen – aber wann wird unser Asylantrag entschieden?

Ein anderes Mal begegnete ich einer Mutter aus Albanien. Sie wusste, dass sie aller Voraussicht nach kein Asyl in Deutschland bekommen würde, weil sie aus einem Land kommt, in dem zwar schlimme wirtschaftliche Verhältnisse und Korruption herrschen, aber eben weder Krieg noch politische Verfolgung. Verzweifelt erklärte sie mir, dass sie keine Sozialhilfe oder andere staatliche Unterstützung in Deutschland wolle. Sie sei sicher, dass sie es selbst schaffe, sich Arbeit zu besorgen. Warum sie dann nicht hierbleiben könne?

Eine dritte Begegnung am Frankfurter Hauptbahnhof. Hier kam ein großer Teil der Flüchtlinge an. Ihr erster Kontakt waren die Bundespolizisten der dortigen Polizeiinspektion und die Bahnhofsmission. In einem kleinen Raum sammelten sich manchmal 30 oder mehr Menschen, die dort von der Bundespolizei namentlich erfasst und auch erkennungsdienstlich – sprich Fingerabdrücke – behandelt wurden. Denn natürlich war die Sorge berechtigt, dass manche der Einreisenden sich in Deutschland als Flüchtlinge melden, in ihrer Heimat aber Straftaten begangen haben oder als Terroristen in unser Land kommen.

An einem kleinen Tisch in dieser Bahnhofsmission saß eine kleine afghanische Familie, völlig erschöpft und mit einem offensichtlich fiebrigen Kleinkind auf dem Arm. Daneben war ein neunjähriger Junge am Tisch eingeschlafen. Er hatte während der monatelangen Flucht seine Eltern verloren. Die afghanische Familie hatte sich seiner angenommen.

Laut Vorschrift hätte die Bundespolizei diesen Jungen als »unbegleiteten Minderjährigen« an das Frankfurter Jugendamt abgeben müssen. Aber die jungen Polizisten, manche von ihnen selbst Eltern, setzten sich Gott sei Dank über die Vorschrift hinweg und ließen den Jungen bei der afghanischen Familie. Martialisch aussehende Polizisten, bewaffnet und eigentlich für ganz andere Einsätze ausgebildet, brachten Spielzeug von zu Hause für die Flüchtlingskinder mit. Sie plünderten ihre Kaffeekasse, damit sie in der kleinen Teeküche wenigstens ab und zu Essen für die Ankommenden zubereiten konnten. Und sie wiesen darauf hin, dass ihre Personalstärke bei Weitem nicht ausreicht, um auf das normale Alltagsgeschehen angemessen zu reagieren und gleichzeitig hier die Flüchtlingsaufnahme zu gewährleisten. Besorgt sagte mir einer: »Noch ist ja alles ruhig, aber wenn die Bürger den Eindruck haben, dass keine Polizei mehr für Sicherheit im Alltag sorgt, weil wir hier voll eingebunden sind, dann gibt es doch irgendwann Ärger.« Das war 2015. Und es bedurfte langer und mühseliger Verhandlungen mit CDU und CSU, um endlich das Personal bei der Bundespolizei wieder zu verstärken, das unter den CDU-Innenministern der letzten Jahre – angeblich ja »Experten für innere Sicherheit« – zusammengespart worden war.

Diese drei Begegnungen zeigen, wie schlecht wir auf den Zustrom von Flüchtlingen vorbereitet waren, wie viel Hilfsbereitschaft und Mitgefühl im deutschen Alltag existieren; und worauf wir aufpassen müssen, damit diese Hilfsbereitschaft nicht in Gefahr gerät. Hierfür müssen wir unsere Flüchtlings- und Integrationspolitik grundlegend ändern.

Die große Zahl von Zuwanderern fordert unser Land heraus. Uns ebenso wie die EU, in der fast zwei Millionen Menschen Schutz vor Gewalt, Verfolgung und Krieg suchen und sich eine bessere Zukunft aufbauen wollen. Die Lage in den Herkunftsländern wird sich nicht schnell ändern, sodass wir auch in den kommenden Jahren mit Zuwanderern rechnen müssen. Deutschland und Europa werden sich – ob wir es wollen oder nicht – darauf einstellen müssen. Und je eher wir das verstehen und selbst in die Hand nehmen, desto besser werden wir diese Herausforderung bestehen. Mehr noch: desto besser werden wir gemeinsam mit denen, die zu uns kommen, die Chancen nutzen, die auch in dieser Zuwanderung stecken.

Erst wenn man direkt mit Flüchtlingen und Helfern spricht, wird einem klar, wie groß und wie nah diese Herausforderung wirklich ist. Sie bestimmt jetzt den Alltag in unseren Städten und Gemeinden, im Viertel, im Schwimmbad, im Fußballverein, in Kita und Schule. Ausweichen geht nicht mehr. Ich habe dabei gelernt, dass wir zu lange nur über die technisch-administrative Bewältigung der plötzlichen großen Zuwanderung gesprochen haben. Dabei geht es doch vielmehr darum, was unsere Gesellschaft, was Europa ausmacht: die Idee von Freiheit, Gerechtigkeit und Solidarität. Oder ganz einfach: Mitmenschlichkeit. Aber auch die endlichen Kräfte, diese Solidarität nicht nur zu skandieren und von anderen zu fordern, sondern selbst zu praktizieren und sich dabei in den gewohnten Bahnen des Alltags irritieren zu lassen. Auch diese Ehrlichkeit ist von uns gefordert, wenn Humanität kein kurzes Sommermärchen, sondern eine verlässliche Grundlage des Zusammenlebens bleiben soll.

Ehrlichkeit heißt zu bedenken, dass wir keine unbegrenzte Zahl an Flüchtlingen und Migranten aufnehmen können. Realismus heißt, die Konflikte nicht zu unterschätzen, die mit der hohen Zahl an Zuwanderern in kurzer Zeit bei uns auch entstehen werden.

Erforderlich ist in Deutschland eine sachliche Diskussion über die Frage, wo die Grenzen der Integrationsfähigkeit unseres Landes liegen. Dabei ist es völlig klar, dass auch ein reiches Land wie Deutschland solche Grenzen der Integrationsfähigkeit hat. Das hat allerdings mit dem Grundrecht auf Asyl nichts zu tun. Die allermeisten Menschen finden ja gerade nicht auf der Grundlage des Asylrechts im Artikel 16 Aufnahme bei uns, sondern als Bürgerkriegsflüchtlinge. Für sie brauchen wir 25 000 zusätzliche Lehrerinnen und Lehrer, 15 000 Erzieherinnen und Erzieher und viele neue Wohnungen. Das schaffen wir gewiss nicht jedes Jahr. Was wir schaffen, hängt davon ab, welche nachhaltigen Integrationsstrukturen wir aufbauen und wo deren Grenzen liegen. Das ist etwas völlig anderes als eine abstrakt und vor allem aus politischen Gründen definierte Obergrenze, wie die CSU sie fordert. Denn vom Auf- und Ausbau dieser nachhaltigen Integrationsstruktur sind wir weit entfernt.

Wir stehen vor einer doppelten Integrationsaufgabe: Die Integration der Menschen, die zu uns kommen und hier eine neue Heimat für sich und ihre Kinder finden wollen, ist die eine Seite. Sie müssen sich hier nicht nur zurechtfinden, sondern Teil unserer Gesellschaft werden. Dafür wird sich vieles im Leben der Zuwanderer ändern. Je offener, freundlicher, zugewandter wir die Menschen empfangen, aufnehmen und ihnen Hilfe anbieten, umso schneller und leichter wird diese Integration gelingen. Die Regeln müssen fair sein und für alle verständlich. Denn damit die gute Integration der Flüchtlinge gelingen kann, müssen auch diejenigen, deren Zuwanderungsmotive nicht vom Recht auf Asyl gedeckt sind, möglichst schnell wissen, dass dieser Weg nicht dauerhaft zu uns führen kann.

Die zweite Integrationsaufgabe betrifft den Zusammenhalt in der deutschen Gesellschaft. Denn machen wir uns nichts vor: Auch wenn wir in Deutschland eine ungeheure Welle der Hilfsbereitschaft erlebt haben, für die wir nicht dankbar genug sein können, waren auch die unübersehbaren sozialen und kulturellen Spannungen erwartbar. Eine so große Zahl von Zuwanderern aus anderen Kulturen aufzunehmen, konnte nicht konfliktfrei bleiben. Und wenn Städte immer stärker ihre Finanzkraft für die Flüchtlingsunterbringung nutzen müssen, dürfen ebenfalls dringend notwendige Sanierungen in Kitas oder Schulen nicht unterbleiben, oder mehr sozialer Wohnungsbau muss die Konkurrenz um bezahlbaren Wohnraum auffangen. Unser Land braucht einen Solidarpakt. Vor allem die Teile unserer Gesellschaft, die Sorge davor haben, vergessen und nicht beachtet zu werden, müssen im politischen Handeln erkennen, dass es auch um sie geht. Wohnungsbau für alle, faire Renten, Bekämpfung der Kinder- und der Altersarmut, eine gute Gesundheits- und Daseinsvorsorge auch in den ländlichen Regionen beschreiben die Aufgaben. Für all das muss das Geld in unserem Land da sein. Sonst werden wir den Vorwurf nicht los, dass »die Politik zwar für die Rettung von Banken und Flüchtlingen Geld hat, aber nicht für die eigene Bevölkerung«.

Zur Ehrlichkeit in dieser Diskussion gehört auch, dass wir Asyl für Verfolgte und Schutz von Bürgerkriegsflüchtlingen dauerhaft nur ermöglichen können, wenn wir diejenigen zur Rückkehr in ihre Heimatländer bewegen, denen dort weder Verfolgung noch Krieg oder Bürgerkrieg drohen. Allerdings sollten uns auch dabei Humanität und Verständnis leiten. Denn wer von uns würde sich nicht auch auf den Weg machen, um seinen Kindern eine bessere Zukunft zu ermöglichen, wenn wir in so hoffnungslosen Lebensumständen leben müssten wie zum Beispiel viele Angehörige der Roma in manchen Staaten Osteuropas? Was soll also der verächtliche Hinweis, dies seien doch »nur Wirtschaftsflüchtlinge«?

Wer aus einem der Staaten des Westbalkans kommt und einen Arbeitsvertrag zu den bei uns herrschenden sozialen Mindeststandards vorweisen kann, dem sollten wir deshalb einen Zuzug nach Deutschland ermöglichen. Damit würden wir einen legalen Zugang zu Europa eröffnen und den meist nicht erfolgreichen Weg über Asylanträge entlasten. Arbeit und Ausbildung statt Asyl – das ist hier die richtige Antwort. Der Mutter aus Albanien, die in Gießen bangend der zu erwartenden Abschiebung entgegensieht, böte dies eine faire Alternative.

Flucht und Migration sind zwei der großen und drängenden Themen unserer Zeit. Umso ärgerlicher ist es, wie lange die Flüchtlingsbewegung verdrängt oder als nur administrative Aufgabe abgetan wurde. Wir müssen unsere Gesellschaft zusammenhalten – nicht zuletzt, um rechtsradikalen Hetzern keine Grundlage für ihre Propaganda zu geben.

Mir ist es wichtig, das Gespräch mit jenen Bürgerinnen und Bürgern zu suchen, die angesichts der großen Zahl von Zuwanderern ängstlich und besorgt sind, die Konkurrenz am Wohnungs- und Arbeitsmarkt fürchten oder die sich ohnehin von »der Politik« alleingelassen fühlen. So wie im sächsischen Heidenau. Wir Politiker müssen uns überall im Land um diese verunsicherte Mitte kümmern – so anstrengend und mitunter unangenehm das für uns sein mag. Deshalb war ich Anfang des Jahres 2015 in Dresden bei einer Veranstaltung mit Pegida-Gegnern und Pegida-Befürwortern, von denen Letztere noch nicht auf die Seite der Rechtsradikalen gewechselt waren. Als sich Ende des vergangenen Jahres Freunde und Bekannte von mir von Pegida distanzierten, um dann im gleichen Atemzug ähnlich klingende Sorgen mit Blick auf den Zuzug von Ausländern vorzutragen, wusste ich, dass wir kein Problem am Rand der Gesellschaft haben – sondern in der Mitte. Wir müssen nicht mit dem braunen Stammtisch reden, das ist zwecklos. Aber was im bürgerlichen Alltag an den Frühstückstischen diskutiert wird, das müssen wir wissen. Demokraten müssen um jede erreichbare Seele kämpfen.

Die Stabilität unserer Gesellschaft bewährt sich in unseren Städten und Gemeinden. Unsere Kommunen leisten ungeheuer viel, und sie können vor Ort vieles besser, als Länder und Bund es könnten. Kitas und Schulen erweitern, Wohnungen bauen, soziale und kulturelle Angebote entwickeln und ihre Stadtgesellschaften für die Zuwanderer öffnen. Der Bund muss deshalb die Kommunen von den Kosten der Flüchtlingsaufnahme dauerhaft entlasten.

Dahinter steckt für mich weit mehr als eine Frage der Finanzverteilung: Die meisten Menschen brauchen Orte, an denen sie sich sicher aufgehoben fühlen.

Meiner ganz persönlichen Erfahrung in den letzten 25 Jahren nach gibt es bei einer immer größer werdenden Zahl von Menschen ein Bedürfnis nach sicherem Grund unter den Füßen. Je rasanter die Welt, das Arbeitsleben, die persönlichen Lebensumstände sich ändern (und häufig ändern müssen), desto mehr wächst die Sehnsucht nach dem Überschaubaren, dem Bekannten und dem Berechenbaren. Wenn das Große – die Globalisierung und Europa – wichtiger wird, gewinnt auch das Überschaubare an Bedeutung: Die Orte, an denen wir wohnen, leben und arbeiten, sind für uns Heimat im besten Sinne. Dort tragen Menschen unmittelbar Verantwortung füreinander. Je sicherer sich Menschen dort aufgehoben fühlen, desto besser werden sie die täglich neuen Verunsicherungen bewältigen. Umgekehrt heißt das: Verwahrloste Städte und Gemeinden erzeugen verwahrloste Köpfe und Seelen.

Wir haben für vieles, was wir jetzt anpacken müssen, keine Bilderbuchlösungen parat, die morgen bereits Wirkung zeigen. Und wir werden auch Konflikte und Rückschläge erleben. Und trotzdem: Wer, wenn nicht dieses ebenso starke wie mitfühlende Land Deutschland, sollte das schaffen?

Ohne Angst und Illusionen.
Mut zur Einwanderungsgesellschaft

Nach den schrecklichen und verstörenden Terror-
anschlägen und Übergriffen der letzten Jahre, nach
den Anschlägen von Paris und dem Attentat auf den
Berliner Weihnachtsmarkt an der Gedächtniskir-
che erleben wir doch auch etwas, das zuversichtlich
macht: Die Demokratie erweist sich als stärker, viel
stärker, als die Gewalttäter glauben machen wollen.
Die Bürgerinnen und Bürger, ob in Frankreich oder
in unserem eigenen Land, zeigen uns, dass weder politische Radikalisierung noch überzogene Reaktionen
des Staates unsere Zukunft bestimmen werden. Das
engagierte Eintreten einer Mehrheit der Bürger für
die offene Demokratie, und das über alle politischen,
sozialen und religiösen Grenzen hinweg, ist die be-
stimmende Antwort Europas auf den Terror. Sie treten nicht nur gegen etwas ein – gegen religiösen Hass,
gegen Fremdenfeindlichkeit und Intoleranz –, sondern auch für die europäische Idee vom friedlichen
Zusammenleben der Menschen, getragen von Freiheit und gegenseitiger Verantwortung. Wir erleben
ein gewachsenes demokratisches Selbstbewusstsein
gerade auch in Deutschland. Es sollte uns Mut machen, uns den unzweifelhaft bestehenden Herausforderungen eines Einwanderungslandes zu stellen.

Kein Zweifel: Die Terroranschläge sind ein Angriff auf die Freiheit und damit auf die plurale Identität eines Einwanderungslandes. Die fanatischen Gesinnungstäter meinen weder einzelne Menschen noch eine einzelne Nation. Die Gewalt gilt einer Idee vom Zusammenleben der Menschen: selbstbestimmt, unabhängig von Religion, Hautfarbe, Geschlecht oder politischer Orientierung, auf der Grundlage unveräußerlicher und universeller Menschenrechte.

Der Attentäter von Berlin suchte sich die letzte Woche vor Weihnachten und den zentralen Platz im Westen Berlins aus, um zu morden und Schrecken zu verbreiten. Sein Angriff galt dem christlichen Friedensfest, aber wohl mehr noch dem entspannten öffentlichen Leben, das uns über alle Unterschiede hinweg verbindet. So wie die Attentäter von Paris am 13. November 2015 die Zuschauer eines Fußballspiels im Stade de France, die Besucher eines Rockkonzerts im Bataclan-Theater und wahllos die Passanten und Gäste zahlreicher Bars, Cafés und Restaurants angriffen. Es geht um die Freiheit, sein eigenes Leben zu gestalten, die Freiheit von Angst auf öffentlichen Plätzen, im Café, im Fußballstadion. Genau dies ist es, was unsere europäische Idee ausmacht, und genau dies gilt es immer wieder zu verteidigen. Die Angreifer sind unsere Feinde! Nicht, weil wir sie dazu gemacht haben, sondern, weil ihr Selbstverständnis sie zu unversöhnlichen Gegnern unserer Idee des

Zusammenlebens von Menschen macht. Gegen diese Feinde müssen wir uns wehren: natürlich mit den Mitteln des Rechtsstaates, der Polizei, der Justiz und auch der Nachrichtendienste. Aber auch mit Bildung, Prävention, mit der Kritik ihrer Ideologie und mit Kommunikation. Wenn es ein »Dschihad-Netz« der terroristischen Kommunikation gibt, dann wird es Zeit, dass wir darauf antworten. Wir sind nicht wehrlos und unsere Reaktionen müssen sich nicht in Wellen wiederkehrender Forderungen nach Strafrechtsverschärfungen erschöpfen.

Die Attentäter, die Anfang 2015 in die Redaktion von »Charlie Hebdo« eindrangen, wollten verhindern, dass eine Satirezeitung den Islam kritisiert. Sie wollten die freie Meinungsäußerung mundtot machen – ebenso wie schon iranische Religionsführer, als sie zum Mord an Salman Rushdie aufriefen, ebenso wie 2004 der Mörder des niederländischen Filmemachers Theo van Gogh, ebenso wie 2010 der Attentäter, der dem dänischen Zeichner Kurt Westergaard nach dem Leben trachtete, weil dieser eine Mohammed-Karikatur mit einem Turban als Bombe veröffentlicht hatte. Diese Zeichnung war auch in »Charlie Hebdo« erschienen, auf deren Redaktion schon 2011 ein Brandanschlag verübt wurde. Man muss diese Karikaturen nicht mögen, man kann und darf sogar versuchen, gegen sie juristisch vorzugehen, wie es die katholische Kirche gegen eine andere Karikatur bei »Charlie Hebdo« einmal versucht hat. Unser Rechtsstaat gibt Regeln, die ein größtmögliches Maß an individueller Freiheit verbinden mit gemeinsamer und gegenseitiger Verantwortung für sich und für die gesamte Gesellschaft. Die Meinungsfreiheit – auch die satirische Überzeichnung, auch dann, wenn sie als falsch, ungerecht, verletzend und bösartig empfunden wird – steht im Zentrum unserer europäischen Idee des Zusammenlebens. Ihre Grenzen findet diese Meinungsfreiheit nur dort, wo gegen Völker und Menschen aufgehetzt und zum Verstoß geltender Gesetze aufgefordert wird. Sobald Journalisten, Künstler und Schriftsteller angegriffen und mit dem Tod bedroht werden, um sie zum Schweigen zu bringen, müssen wir ohne jede Relativierung auf der Seite ihrer Meinungsfreiheit stehen. Kränkungen der Ehre rechtfertigen keine Übergriffe. Auf Einschüchterung und Gewalt, übrigens auch gegen Töchter, Schwestern, Frauen oder Homosexuelle, darf es niemals auch nur im Ansatz ein religiös oder sonst wie begründetes Verständnis geben. Alles andere wäre Verrat an der Fundamentalnorm Europas, dass alle Menschen ein gleiches Freiheitsrecht haben.

Aus der europäischen Aufklärung hat sich die Idee einer säkularen Freiheit entwickelt, die nicht von einem Staat oder einem Herrschaftssystem verliehen wird, sondern jedem Mensch von Geburt an eigen ist. Diese europäische Idee wurde verteidigt und durchgesetzt gegen die faschistischen und stalinistischen Ideologien und Herrschaftssysteme, die das genaue Gegenteil wollten: die Unterordnung der Freiheit des Einzelnen unter den Macht-, Herrschafts- und Führungsanspruch weniger. Nun tritt seit geraumer Zeit neben diese altbekannten freiheitsfeindlichen Ideologien ein neuer Feind der Freiheit: der religiöse Macht- und Herrschaftsanspruch der Fundamentalisten des Islam.

Die Attentäter und ihre Ideologen hoffen, wir würden auf ihren Angriff, der uns schwach zeigen soll, mit einer als »neue Stärke« verkleideten Ausgrenzung möglichst aller Muslime reagieren. Sie hoffen, durch diese Spaltung neuen religiösen Zulauf zu erhalten. Der Wahn, ein möglichst großes Chaos führe am Ende zu eigener Macht, eint die religiös motivierten Terroristen mit all ihren politischen Verwandten. So gibt es in Deutschland vermutlich unter Rechtsextremisten nicht wenige, die klammheimliche Freude über die Attentate empfanden. Denn auch sie hoffen auf die Spaltung der Gesellschaft, auf die Sehnsucht nach Ab- und Ausgrenzung und darauf, dass diese Sehnsucht ihnen neuen Zulauf beschert. Die größte Gefahr liegt nicht in dem brutalen Verbrechen selbst, sie entfaltet sich im politischen Echo, das diese Form der Gewalt in einer Einwanderungsgesellschaft findet. Zorn und Rachebedürfnis suchen rasch kollektive Ziele und richten sich gegen den vermeint-

lichen Feind im Inneren. Eine Tat, die von fanatisier-
ten Muslimen im Namen ihrer Religion verübt wird,
kann umschlagen in Misstrauen, Abneigung und Aggression gegen jeden Bürger unseres Landes, der sich
zum Islam bekennt oder – in Distanz zur Religion –
auch nur durch Herkunft und Muttersprache mit der
islamischen Kultur verbunden ist. Ließen wir dies zu,
wäre es der Teufelskreis der kulturellen Spaltung. Stu-
dien zeigen, dass tatsächlich antiislamische Einstellungen zunehmen.

Das klare zivilgesellschaftliche Bekenntnis und das
große Engagement in unseren Städten gegen Angst
und Gewalt sollten uns auch die Kraft geben, uns den
Herausforderungen, den ungelösten Problemen und
auch den Ängsten und Vorurteilen in unserem Land
zu stellen. Denn eine lebendige Demokratie lebt vom
Miteinandersprechen. Auch über das, was schwierig,
unangenehm und beängstigend ist.

Die Ordnung der Freiheit verlangt mehr von uns,
als den kulturellen und religiösen Konflikten aus dem
Weg zu gehen. Wir müssen unsere noch neue, noch
ungewohnte Identität als Einwanderungsgesellschaft
begreifen und daraus Konsequenzen ziehen. Das beginnt mit der aufgeklärten Definition unserer eigenen
Interessen. Einwanderung zur Arbeit ist nicht nur innerhalb der Europäischen Union eine der Grund-
freiheiten, sondern auch im Interesse unseres Landes. Denn wir haben eines der größten Experimente

vor uns, das je eine Industriegesellschaft bewältigen musste: Wie erhalten wir Wohlstand in einer Gesellschaft, in der aufgrund zu geringer Geburtenzahlen in den letzten Jahrzehnten in Zukunft Millionen von Arbeitskräften weniger zur Erarbeitung der volkswirtschaftlichen Werte zur Verfügung stehen werden? Sicher: Der technische Fortschritt und vor allem die Digitalisierung können uns helfen, die Arbeitskräftelücke zu ersetzen. Und natürlich müssen wir als größte Priorität mit aller Kraft mehr dafür tun, dass nicht mehr jedes Jahr rund 50 000 Kinder unsere Schulen ohne Schulabschluss verlassen. Denn es liegt nicht an den Kindern, dass sie damit für das spätere Berufsleben unzureichend ausgebildet sind. Bildungsferne entsteht in den Stadtteilen und Wohnquartieren, in denen die sozialen Brüche und Verwerfungen in den Herkunftsfamilien besonders groß sind.

Aber auch Zuwanderung kann uns helfen, die große demografische Veränderung in unserem Land besser zu bestehen. Je mehr wir legale Zuwanderung ordnen, steuern und gezielt ermöglichen, desto besser wird uns anschließend die Integration gelingen. Zuwanderung, um zu arbeiten, ist insbesondere innerhalb der EU erlaubt und auch gewünscht. Zuwanderung in die Sozialsysteme ohne Arbeitsaufnahme nicht. Deshalb ist es richtig, Sozialleistungen erst dann zu gewähren, wenn zuvor einige Jahre sozialversicherungspflichtige Arbeit in Deutschland erfolgt ist. Und auch das Kindergeld auf deutschem Niveau sollte nur in den Fällen bezahlt werden, in denen die Kinder auch tatsächlich in Deutschland leben. Verbleiben sie im Heimatland, darf sich das Niveau der deutschen familienpolitischen Leistungen an die zugewanderten Eltern nur auf dem des Herkunftslandes bewegen. Sonst wird aus dem Anreiz zur Einwanderung in die deutsche Arbeitsgesellschaft schnell ein Anreiz zur Zuwanderung in die deutschen Sozialsysteme.

Ja, der Islam gehört längst zu Deutschland, weil seit Jahrzehnten eine wachsende Zahl von Muslimen zu Deutschland gehört. Das konnte nur jemand verkennen, der eigentlich mit diesem Teil der Bevölkerung unseres Landes lieber nichts zu tun haben wollte. Eine Zeit lang konnte man sogar den Eindruck haben, dass dies auch innerhalb von CDU und CSU erkannt wurde. Es war ein gutes Zeichen, dass der vom früheren Bundespräsidenten Christian Wulff ausgesprochene Satz »Der Islam gehört zu Deutschland« auch von der CDU-Vorsitzenden Angela Merkel gesagt werden konnte. Der letzte CDU-Bundesparteitag hat allerdings gezeigt, wie dünn der liberale Firnis innerhalb der Unionsparteien in Wahrheit ist.

Die Entscheidung des CDU-Parteitages, das gerade erst mit der SPD geschaffene Recht der in Deutschland geborenen Kinder ausländischer Eltern, die deutsche Staatsangehörigkeit zu erhalten, ohne die der Eltern abgeben zu müssen, wieder abschaffen zu wollen, ist in doppelter Hinsicht falsch: nicht nur, weil damit ein wirksamer Schritt zur Integration wieder zerstört würde, denn die Idee der doppelten Staatsbürgerschaft besteht ja gerade darin, Deutscher werden zu können, ohne mit der Kultur des Herkunftslandes der Eltern brechen zu müssen. Genau dies fiel ja in der Vergangenheit vielen in Deutschland geborenen Heranwachsenden mit ausländischen Eltern sehr schwer. Noch problematischer war aber die Motivation des CDU-Parteitages, die zu diesem Beschluss führte: Die Delegierten lehnten in Wahrheit die Flüchtlingspolitik Angela Merkels ab. Das zu sagen oder im Stimmverhalten bei der Wiederwahl der CDU-Vorsitzenden zu zeigen, trauten sich die Delegierten des Parteitags nicht. Stattdessen nahmen sie eine Gruppe von Deutschen in politische Geiselhaft, die nichts mit dem Thema Flucht und Flüchtlingsaufnahme zu tun haben: eben die hier geborenen Kinder ausländischer Eltern. Denn nur sie haben seit einigen Monaten das Recht zur doppelten Staatsbürgerschaft.

Wenn die in Deutschland lebenden und in Zukunft noch kommenden Migranten dazugehören sollen, wenn wir gemeinsam mit vielen anderen hier Geborenen oder noch zu uns Kommenden ein gemeinsames Land bilden wollen, dann müssen wir dafür auch die wirtschaftlichen, sozialen und kulturellen Rahmenbedingungen schaffen. Und davon sind wir noch weit entfernt.

Noch fehlt es an vielem, was für ein erfolgreiches Zusammenleben benötigt wird: zuallererst mehr Investitionen in Bildung gerade in den Stadtteilen, in denen soziale und kulturelle Ausgrenzung einander überlagern. Und natürlich ist eine Schul- und Berufsausbildung für jeden Flüchtling, der bei uns befristet oder dauerhaft Aufnahme findet, längst überfällig. Es ist einfach unausweichlich, dass Bund, Länder und Kommunen gemeinsam mehr Geld ausgeben und die Aufnahmefähigkeit von Kitas und Schulen ganz wesentlich erhöhen. Wenn es mehr Kinder und Jugendliche gibt und mehr von ihnen mit Sprachschwierigkeiten oder kultureller Distanz ihr Leben in Deutschland beginnen, dann müssen die Kindertagesstätten ausgebaut, dann müssen mehr Erzieherinnen und Erzieher eingestellt werden. Die Schulen müssen zum entscheidenden Integrationsort des Einwanderungslandes Deutschland werden. Es geht ja nicht nur darum, fachliches Wissen zu vermitteln, es geht darum, Deutschland zu unterrichten, mit seinen Traditionen, Werten und mit der Art des toleranten Zusammenlebens. Das ist anstrengend. Es kostet Geld, Personal und Kraft. Das müssen wir in den nächsten Jahren leisten, wenn die große nationale Aufgabe gelingen soll. Deshalb bin ich so unnachgiebig in der Forderung, das Kooperations-, ja das Investitionsverbot des Bundes bei Schulen aufzuheben. Es kann doch nicht sein, dass der Bund in einer Schick-

salsfrage unserer Zukunftsfähigkeit nicht mit anpacken darf.

Über die Bildungsstätten hinaus findet alltagstaug-
liche Integration oft im Sportverein statt. Fußball gehört zu Deutschland, und auf dem Fußballplatz entsteht Zusammengehörigkeit auch ohne viele Worte.
Das darf aber nicht auf die deutsche Nationalmannschaft beschränkt bleiben. In den 1970er-Jahren gab
es den sogenannten Goldenen Plan zum Aufbau
von Sportstätten in allen Gemeinden und Städten
in Deutschland. Heute braucht Deutschland erneut
einen »Goldenen Plan«, nicht nur für Fußballplätze,
Turnhallen oder Schwimmbäder, sondern ebenso für
die Sanierung und Belebung verelendeter und verö-
deter Gemeinden und Stadtquartiere. In den ländlichen Regionen mit drastischem Bevölkerungsrück-
gang darf das Theater oder das Kunsthaus nicht auch
noch schließen. In den Ballungsräumen und wachsenden Großstädten müssen bezahlbare Wohnungen
gebaut werden, damit nicht nur die sehr gut Verdienenden dort leben können. Nichts dient dem friedlichen Zusammenleben in unserem Land so sehr wie
stabile Gemeinde- und Stadtgesellschaften. Es gibt
keine soziale Gesellschaft ohne die soziale Stadt!

Ein Einwanderungsgesetz fehlt, in dem unabhängig von der Flüchtlingsaufnahme klar ist, wem wir in
der Welt ein Angebot machen wollen, zu uns zu kommen, weil wir wirtschaftlich darauf angewiesen sind.

Dieses Einwanderungsgesetz muss auch klarmachen, wen wir nicht aufnehmen können oder wollen. Zugleich müssen wir eine Politik formulieren, um die soziale Deklassierung derjenigen in Deutschland zu vermeiden, die bereits heute zu den Schwächeren zählen. Junge Auszubildende aus dem Ausland anzuwerben, um dem Fachkräftemangel zu begegnen, ist nur vertretbar und glaubwürdig, wenn zeitgleich mehr für die getan wird, die bereits hier leben und bislang keine ausreichenden Bildungs- und Ausbildungschancen haben.

Es fehlt auch an der offenen Diskussion über die Rolle des Islam in unserem Land. Alle unterschiedlichen Ausprägungen des Islam haben unter den gleichen Bedingungen ihren Platz in unserem Land, wie sie für andere Religionen gelten. Die »Leitkultur« für alle sind die ersten 20 Artikel unserer Verfassung. Sie stehen über jeder Religion. Wer das nicht akzeptiert, dessen Glaube oder politische Ansicht hat in Deutschland keinen Platz.

Dabei müssen wir wohl zugeben, dass weder die Muslime noch die Nichtmuslime in Deutschland und Europa ausreichend darauf vorbereitet waren, das nicht Tolerierbare des gewaltbereiten und intoleranten Islam in die Schranken zu weisen. In dem Maße aber, wie wir als Demokraten zu dieser Klarheit in der Lage sind und sie in der öffentlichen Diskussion ohne unverständliche Verbiegungen äußern, in diesem Maße nehmen wir den Rechtspopulisten viel von ihrem Propagandastoff.

Ein Einwanderungsland muss mit den Zumutungen zurechtkommen, die aus der Verschiedenheit der kulturellen Prägungen seiner Bürgerinnen und Bürger entstehen. Aber gerade deshalb sind wir auf die eindeutige Geltung und Durchsetzung universeller Freiheitsrechte angewiesen, um eine solche Gesellschaft zu orientieren und zusammenzuhalten. Denn was sonst sollte das Gemeinsame sein? Die Leitbilder nationaler und religiöser Gemeinschaften, die die je anderen Kulturen ausschließen oder gar herabsetzen, führen uns nicht zusammen. Wir müssen uns gegenseitig als Gleiche und Freie anerkennen, um – wie Johannes Rau es ausdrückte – »ohne Angst verschieden sein« zu können.

Ein Einwanderungsland darf nicht mit der Hypothek des staatlichen Kontrollverlustes belastet werden. Das angstbesetzte Reizwort von den »Parallelgesellschaften« greift auf, was viele empfinden: dass sich geschlossene kulturell-religiöse oder nationale Herkunftsmilieus ihre eigenen Gesetze machen und dass mafiöse Clangruppen die bürgerliche Gesellschaft zerstören. Kriminalität, auch die sogenannten Bagatelldelikte wie Diebstahl oder Betrug, verunsichern ein kulturell heterogenes Einwanderungsland ganz besonders. Straftaten werden auf ihren ethnischen Hintergrund hin beleuchtet, verlieren dadurch ihren individuellen Charakter und tragen zu Ängsten und Vorurteilen zwischen ganzen Gruppen bei. Es gibt daraus nur einen Ausweg: Öffentliche Sicherheit, garantiert durch die gut ausgestattete und geschulte Polizei, ist unverzichtbar. Der Staat muss seine Bürger schützen. Er muss Recht setzen und durchsetzen. Der Staat muss stark und handlungsfähig sein, um den inneren Frieden zu bewahren.

Gefordert sind wir alle. Die Mehrheitsgesellschaft in der Veränderungsbereitschaft, dass nicht nur Christentum und Judentum, sondern auch der Islam zu Deutschland gehört. Und gefordert sind natürlich die Muslime – ob hier geboren oder nicht. Es gibt keinen Zweifel daran, dass ihre überwältigende Mehrheit unsere Verfassungswerte teilt und den Terrorismus verurteilt. Und doch erleben wir in Deutschland neuen Antisemitismus, der sich mit dem Israel-Palästina-Konflikt verbindet, der die historische Verantwortung Deutschlands im Schatten des Holocaust leugnet und jede besondere Bindung an den Staat Israel ablehnt. Zu Deutschland dazuzugehören, heißt auch, diese historische und künftige Verantwortung anzunehmen.

Entwickelt hat sich eine muslimische Bürgergesellschaft, in der es alle möglichen Einstellungen von religiös über konservativ-traditionell, türkisch-national bis hin zu säkular und liberal gibt. Außerdem haben wir eine inzwischen ebenfalls entwickelte muslimische Verbändelandschaft, die im intensiven Austausch mit der Politik steht. Es ist deshalb keine triviale Frage, wer für den Islam in unserem Land spricht. Und was dabei gesprochen wird. Wenn wir dem aufgeklärten Islam mehr Gewicht geben wollen, dann gehört eine viel offensivere und breitere Ausbildung von Religionslehrern und islamischen Wissenschaftlern in Deutschland dazu, intellektuell und habituell fest verwurzelt in unserer freiheitlichen Grundordnung.

Denn hinzu kommt noch eine weitere Ebene des Islam in Deutschland: die vielen Moscheegemeinden, in denen der Islam gepredigt und das Gemeindeleben organisiert wird. Die ultrakonservativen, teils fundamentalistischen Diskurse in vielen Gemeinden, die bis hin zur offenen Hasspredigt reichen, verhindern die Öffnung eines Teils der muslimischen Gesellschaft für eine Kultur der Freiheit. Das schreckt weltoffene Muslime ebenso ab wie die Mehrheit der Nichtmuslime. Zugleich führt es zur islamistischen Selbstisolation und Radikalisierung. Eine Konsequenz muss heißen, dass die Liberalisierung des Islam an deutschen Schulen und Hochschulen und in den hiesigen Gemeinden gelehrt und gelernt werden muss. Diesen Kurs müssen wir entschieden fortsetzen, im Forum der Islamkonferenz ebenso wie im koordinierten Handeln der Kultusminister der Länder.

Die Anforderungen an den modernen Islam sind sehr konkret: Gleichheit von Frauen und Männern, gleiche Rechte für Schwule und Lesben, Überwindung des offenen wie des verdeckten Judenhasses, keine Fortsetzung nahöstlicher Konflikte in den Schulen oder auf den Straßen unseres Landes – und als entscheidende Voraussetzung jeder Modernisierung die Akzeptanz dafür, dass der Islam wie jede andere Religion oder Weltanschauung ganz selbstverständlich Gegenstand von Kritik und Selbstkritik ist. Diese Öffnung beginnt nicht erst damit, physische Gewalt auszuschließen. Wer für den Islam spricht, muss auch im Denken abrüsten. Das Wort »Ungläubige«, wo Anders- und Nichtgläubige gemeint sind, gehört nicht zum Wortschatz einer pluralen Gesellschaft.

Die Stärke unserer Demokratie erwächst aus den Grundwerten der Aufklärung, aus Freiheit, Gleichheit und Brüderlichkeit. Daran zu erinnern, ist auch deshalb wichtig, weil nur eine Gesellschaft, die allen Menschen gleiche Chancen eröffnet, immun ist gegen Fanatismus. Aber das Versprechen eines freien und selbstbestimmten Lebens muss sich auch im Alltag erleben lassen: bei guter Schul- und Berufsausbildung, gutem Lohn für gute Arbeit, Teilhabe nicht nur am Haben, sondern auch am Sagen in unserem Land und in lebendigen, sozial und kulturell vielfältigen Kommunen. Eine gut ausgestattete Polizei und effektive Sicherheitsgesetze sind die *notwendige* Bedingung für den Schutz der Freiheit. *Hinreichend* aber wird es erst, wenn die Freiheit im Alltag gelebt wird und erlebt werden kann. Beides zusammen bildet die Voraussetzung dafür, dass weder die Ideologen noch die Terroristen politische Resonanz finden und wir eine gemeinsame Zukunft haben.

HERAUSFORDERUNGEN VON RECHTS

Ein Rückblick auf die Sarrazin-Debatte

Ich habe mich lange gefragt, warum eigentlich nach Bekanntwerden der zehn Morde der Naziterrorgruppe NSU die öffentlich sichtbare Trauer eine fast rein staatliche war. Anders als nach den Brandanschlägen in Solingen und Mölln in den Jahren 1992 und 1993 gab es keine bundesweiten Lichterketten und Protestbewegungen.

Der Grund dafür könnte gewesen sein, dass unsere Gesellschaft in ihrer Mitte in der Zwischenzeit eine andere Richtung eingeschlagen hat: Der Bestseller des Jahres 2010 war Thilo Sarrazins Buch »Deutschland schafft sich ab«. Wo er auftrat, standen die Menschen Schlange. Seine begeisterten Zuhörerinnen und Zuhörer kamen aus der Mitte der gutbürgerlichen Gesellschaft. Die nicht selten zum besser verdienenden Teil der Gesellschaft gehörende Leserschaft schien es fast euphorisch zu genießen, dass dort jemand »von ihnen« – also kein Skinhead oder Neonazi, sondern ein Mitglied des Bundesbankvorstandes – so ziemlich alles an Vorurteilen gegenüber Muslimen losließ, was sie sich selbst nicht getraut hatten, öffentlich zu sagen.

Die Mitgliedschaft Thilo Sarrazins in der SPD bot eine zusätzliche Rechtfertigung, denn »wenn schon ein Sozialdemokrat so denkt …«, dann durfte wohl jeder seinen unterdrückten Vorurteilen und Aggressionen freien Lauf lassen. Wer widersprach, dem konnte es in den voll besetzten Vortragssälen schon mal passieren, dass er – wie in der Berliner Urania – von einer nahezu entfesselten Meute niedergebrüllt wurde. Jede Form bürgerlichen Anstands oder bürgerlicher Erziehung war auf einmal verflogen.

Selbst der »Spiegel« druckte das Buch vorab – und übersah, dass der Titel nicht zufällig gewählt war. Denn nicht nur Vorurteile über Muslime brachen sich dort Bahn, sondern – viel schlimmer – die Eugenik, also die Verbindung von genetischen und sozialen Fragen, wurde von Thilo Sarrazin wiederbelebt. Den Nürnberger Ärzteprozess vor Augen, war das ganze Grundgesetz gegen diese teuflische Verbindung von Genetik und Sozialem geschrieben worden. Im Deutschland des Jahres 2010 fehlte es an Empörung über die Wiederbelebung dieser Idee, die zur pseudowissenschaftlichen Rechtfertigung von Auschwitz geworden war.

Man war kaum überrascht, dass der immer wieder mit rechten Tabubrüchen um Aufmerksamkeit heischende Peter Sloterdijk den Thesen Sarrazins applaudierte und im Gestus des »Man wird doch noch sagen dürfen ...« die Kritik daran verunglimpfte. Dieses Muster der neurechts schwadronierenden Intelligenz war ja schon bekannt. Dass aber auch die deutschen Linksintellektuellen weithin schwiegen zu alldem, war deprimierend. Es war der konservativen »Frankfurter Allgemeinen Zeitung« und ihres leider viel zu früh verstorbenen Herausgebers Frank Schirrmacher zu verdanken, dass der Kern des Sarrazin-Buches überhaupt thematisiert wurde.

In den letzten Monaten habe ich wiederum merkwürdig positive und fast sentimentale Anmerkungen zu Sarrazins Thesen aus intellektuellen Kreisen gehört – zuletzt bei einem vorweihnachtlichen Festvortrag des früheren Linksintellektuellen Henryk M. Broder. Es ist also im Deutschland des 21. Jahrhunderts möglich, mit den eugenischen Vorstellungen des 19. Jahrhunderts Beifall zu erzeugen. Eigentlich kann man nur hoffen, dass die lautstarken Befürworter Sarrazins das Buch nicht gelesen haben. Sonst müsste jedem überzeugten Demokraten und aufgeklärten Bürger dieses Landes angst und bange werden. Ich gebe freimütig zu: Wenn mir etwas Sorge macht, dann nicht Sarrazins Buch, das ich für das absurde Ergebnis eines Hobby-Sozialdarwinisten halte. Viel mehr Sorge macht mir, dass dieser Rückgriff auf die Eugenik in unserem Land gar nicht mehr auffällt, ja mehr noch: als »notwendiger Tabubruch« auch noch gefeiert wird. Das habe ich vor der Sarrazin-Debatte für völlig undenkbar gehalten. Wem es bei der Botschaft »neues Leben nur aus erwünschten Gruppen« nicht kalt über den Rücken läuft, der hat wohl nichts begriffen.

Thilo Sarrazin muss sich entscheiden, ob er dafür wirklich in Anspruch genommen werden will. Die SPD jedenfalls darf sich damit niemals in Verbindung bringen lassen. Wer uns empfiehlt, diese Botschaft in unseren Reihen zu dulden, der fordert uns zur Aufgabe all dessen auf, was Sozialdemokratie ausmacht: unser Bild vom freien und zur Emanzipation fähigen Menschen, unsere Solidarität mit den Schwächeren und mit denen, die im wirtschaftlichen Wettbewerb unterliegen. Und wer uns rät, doch Rücksicht auf die Wählerschaft zu nehmen, die Sarrazins Thesen (oder dem, was davon veröffentlicht wurde) zustimmt, der empfiehlt uns taktisches Verhalten dort, wo es um Grundsätze geht – und damit jenen Opportunismus, der den Parteien so häufig vorgeworfen wird.

Ich empfinde es bis heute als eine meiner größten politischen Niederlagen, es nicht geschafft zu haben, Herrn Sarrazin aus der SPD auszuschließen. Der Grund dafür liegt nicht nur in den hohen Hürden des deutschen Parteienrechts, die nach den »Säuberungsverfahren« in der Weimarer Republik und der DDR verständlich sind. Der eigentliche Grund für den Nichtausschluss Sarrazins war, dass die Wiederbelebung der Eugenik überhaupt nicht im Mittelpunkt des Verfahrens des zuständigen Berliner SPD-Schiedsgerichts stand, sondern formelle Fragen von parteischädigendem Verhalten. Selbst bei vielen Kritikern galten Sarrazins Thesen lediglich als »etwas überzogen«. Ich konnte mich des Eindrucks nicht erwehren, dass die meisten das Buch tatsächlich nicht gelesen hatten, sondern nach einer möglichst »weichen« Interpretation suchten, um die lästige Debatte schnell wieder loszuwerden. Hatte der Historikerstreit noch die ganze Republik bewegt, so sank das intellektuelle Niveau der »Sarrazin-Debatte« auf das Niveau der 1950er-Jahre.

Im Rückblick auf diese Debatte und unter dem Eindruck einer fast überall in Europa, ja auch in den Vereinigten Staaten anschwellenden Rechtsbewegung gegen den mitmenschlichen Kern unserer Demokratie habe ich den Eindruck, dass der Fall Sarrazin kein Irrläufer in einer ansonsten intakten Republik war, sondern eine Ankündigung, was da von rechts mit Applaus bis in die bürgerliche Mitte der Gesellschaft noch alles auf uns zukommt.

Die Wölfe im Schafspelz

Die Wölfe tragen Tweed-Sakkos oder Kostüm und fühlen sich zu Hause in den Seminarstuben philosophischer Fakultäten. Sie rationalisieren den Schusswaffengebrauch gegen Flüchtlingskinder und -frauen an deutschen Grenzen. Sie sagen beiläufig, niemand wolle einen schwarzen Fußballspieler der Nationalmannschaft zum Nachbarn. Sie beklagen die übertriebene Aufarbeitung deutscher Geschichte und den damit verbundenen Verlust an Nationalstolz der Deutschen. Deutschland ist für sie in den Händen der »68er Linksradikalen« und Europa eine »E-UdSSR«. Sie schreiben Traktate über die »Judaisierung« der deutschen Kultur. Und immer fühlen sie sich missverstanden, wenn jemand klarmacht, was das ist: Brutalität und Niedertracht hinter bürgerlicher Fassade, Rassismus und Judenhass im Feuilletonstil.

Diese neue bürgerliche Rechte ist so neu nicht. In Wahrheit ist sie ein alter Bekannter. In der Weimarer Republik waren es romantisierende Deutschnationale, die sich der Moderne des 20. Jahrhunderts insgesamt widersetzen wollten. Und für die eine Demokratie als »Herrschaft des Pöbels« und Parlamente als »Quasselbuden« galten. Als sie philosophisch und nicht selten auch politisch den Nazis den Weg bereitet hatten, zogen sie sich erschrocken in die »innere Emigration«

zurück. Mit der dann folgenden Mord-und-Totschlags-Gesellschaft wollten die Heideggers und Jüngers nichts mehr zu tun haben. Nachdem das Morden mithilfe der Alliierten ein Ende hatte, wuschen sie ihre Hände in Unschuld. Ihre Ablehnung von Demokratie, Parlamentarismus und Parteien allerdings blieb in ihrer elitären Distanziertheit erhalten.

Auch wir etwas Jüngeren kennen diese Rechte nur zu gut: Für sie war Willy Brandt ein »Volksverräter«, weil er im Krieg Deutschland verlassen und im Widerstand gegen die Nazis seinen Namen geändert hatte. »Heute wissen wir's genau, Brandt heißt die Verrätersau«, skandierte die rechtsradikale »Aktion Widerstand« damals gegen den, der das Land ja nicht freiwillig verlassen hatte, sondern als politisch vom Naziregime gejagter Widerstandskämpfer. Die ganze Aufarbeitung der Nazizeit, die Auschwitzprozesse, die Fragen ihrer eigenen Kinder empfand diese Rechte als »Nestbeschmutzung«, die nur den Stolz der Deutschen brechen sollte.

In den 1970er- und 1980er-Jahren formierte sich in der Bundesrepublik dann die rechtskonservative Reaktion auf die Studentenbewegung und die Anerkennung der Oder-Neiße-Grenze durch Willy Brandt. Philosophen, Soziologen und Historiker wie Friedrich H. Tenbruck, Hermann Lübbe, Andreas Hillgruber und Ernst Nolte entwickelten die elaborierte Sprache von Wölfen im Schafspelz. Die gesellschaftliche Liberalisierung war für sie nichts als Unterwanderung von Autorität in Staat und Familie. Die Neue Ostpolitik und die Friedensbewegung waren ihnen verhasst als »Selbstaufgabe der deutschen Nation«. Die Entmilitarisierung und Pazifizierung der deutschen Außenpolitik verhöhnten sie als Selbstverzwergung und Machtvergessenheit. Ein typisches ihrer Schafspelzworte ist »Normalisierung«. Die normale Nation sollte wieder fähig sein zum Nationalstolz und zum Krieg. Karl-Heinz Bohrer traktierte den politisch korrekten Provinzialismus und Genscherismus der Bonner Republik. Er wünschte sich neue Größe und Tragik, die er in der Fähigkeit zur kaltblütigen Exekution staatlicher Gewalt in Kriegseinsätzen sah. Gegen die demokratisch-normative Prägung, gegen die antinazistische Erinnerungskultur der Bundesrepublik rannten die radikalisierten bürgerlichen Rechten immer wieder neu an. Sie karikierten Deutschland als geschichtsneurotisches Land, das aus Scham über Hitler und unter dem »Joch« der Vergangenheitsbewältigung die eigene Nationalkultur preisgebe. Später traten die Epigonen an. Unter ihnen Peter Sloterdijk, der die »bleibende Kulturleistung der 68er« darin sieht, »dass sie die deutsche Gesellschaft in ein Kollektiv von Halbkranken umgeschaffen haben«. Humanismus hält Sloterdijk für ein verlogenes Konstrukt, Umverteilung durch Steuern für Kleptokratie von Versagern. Die Moderne sieht er als eine

Krankheit. Sloterdijk ist ein rechter Ideologielieferant, der sich in verschwurbelte Rhetorik flüchtet und der nach jedem antidemokratischen Affektausbruch so tut, als könne er kein Wässerchen trüben. Und aus dem Seminar von Sloterdijk kommt als Schüler nun der smarte Ideologe der AfD, der im »Zeit«-Interview schafspelzweich darüber philosophiert, warum die amtierende Bundesregierung linksradikal sei und die Deutschen zu »Knechten von Einwanderern« mache. Diese ganzen Sprüche kenne ich nur zu gut: von meinem Vater – und der war ein unverbesserlicher Nazi.

Ich behaupte: Viele der Funktionäre der AfD und ihrer bürgerlichen Sympathisanten sind seit Jahrzehnten wütend auf diese liberale und weltoffene Republik. Nicht nur die Flüchtlinge oder der Islam sind ihr Feindbild, sondern auch wir – aufgeklärte Konservative, Liberale, Grüne, Sozialdemokraten und Linke. Weil wir eine Demokratie repräsentieren, die sie nicht nur ablehnen, sondern abgrundtief hassen. Dieser Hass hat sich aufgebaut und aufgestaut. Und die Flüchtlingszuwanderung und die in der Bevölkerung existierenden Ängste vor dem Islam sind nur der Anlass, ja nur das Deckmäntelchen, um diesem angestauten Hass freien Lauf zu lassen.

Eigentlich waren die Gaulands dieser Welt nur zu feige, es während ihrer politischen Berufskarriere in der CDU zu sagen. Jetzt, mit gesicherter Pension, wird die Flüchtlingsdebatte genutzt, um deutschnationalen Groll endlich mal rauszulassen. Hier kämpft nicht eine »neue Rechte« um die Zukunft des deutschen Volkes, sondern hier will die alte Rechte Rache nehmen an denen, die sie als Verräter am deutschen Nationalkonservativismus betrachtet. Dass dabei auch Gelegenheitsnazis und echte Nazis mitlaufen, wird billigend in Kauf genommen. Da die alten Deutschnationalen das Volk immer schon verachtet haben, kann man wohl davon ausgehen, dass Wähler und Anhänger mehrheitlich als »nützliche Idioten« verstanden werden. Man braucht sie, um aus der weltoffenen und liberalen Demokratie endlich wieder einen autoritären Staat zu machen, in dem wieder jeder an seinen Platz gehört: Frauen in die Ehe und im Zweifel an den Herd, Ordnung in die Familie, Ausländer als Gastarbeiter, Türken, Schwule und Lesben als Objekt dummer Witze.

Nichts ist also wirklich neu. Trotzdem ist die altneue Rechte gefährlich. Denn ihr öffentlicher Resonanzraum in Medien und Politik ist sehr viel größer geworden. Ihre Parolen fluten mittlerweile die sozialen Netzwerke und die Kommentarforen der Onlinezeitungen. »Spiegel Online« musste seine Foren zu Flüchtlingsartikeln schließen. Die Hasssprache gegen Flüchtlinge, Politiker und Journalisten, die sich dort entlädt, schien der Redaktion untragbar. Zuerst die Sprache, dann die Gewalt: Der Bundesinnenminister berichtet von einem massiven Anstieg fremdenfeindlicher Angriffe auf Asylbewerber. Die Zahl stieg im letzten Jahr um mehr als 44 Prozent auf fast 1500 Fälle – fünfmal so viele wie 2014. Zu den Tätern gehören die sogenannten »unbescholtenen Bürger«. Ein solcher Bürger hat im Kölner Oberbürgermeisterwahlkampf versucht, Henriette Reker zu ermorden.

Der reaktionäre Hass auf die »68er« ist ein alter Hut. Die wütenden Rechtsaußenangriffe auf den demokratischen Wertekonsens der Bundesrepublik, die offenen Antisemitismus und Nationalismus nicht mehr duldet, das gab es immer wieder. Doch ob Historikerstreit, Antisemitismuskontroversen oder die Debatten anlässlich des ersten Irakkrieges – immer gab es auch eine sehr entschiedene Antwort der deutschen Linksintellektuellen. Hans-Ulrich Wehler und Jürgen Habermas traten immer wieder dagegen an, um die postnationale Republik zu begründen und zu bestärken. Günter Grass war als politischer Schriftsteller immer präsent. Auch der Sozialdemokrat Peter Glotz, Bundesgeschäftsführer der SPD während der Geschichtskontroversen der 1980er-Jahre, zählte zu diesen sprachmächtigen Verteidigern der offenen, zivilen Gesellschaft. Noch heute lohnt es sich, seine Streitschrift »Wider den Feuilleton-Nationalismus« von 1991 zu lesen: »Die neue Rechte ist jung«, schrieb er. »Endlich keine vierschrötigen Fossile mehr, keine drögen Sprücheklopfer und natürlich keine alten Nazis. Ein junges Deutschland wächst heran: national, durchaus republikanisch, smart, gebildet, wortmächtig und von beängstigender Unbefangenheit.« Glotz hatte die Gefahr erkannt, dass Deutschland am Ende doch einer Revision von rechts unterzogen werden könnte. Zwar wurde immer wieder festgestellt, dass die Linke den Kampf um die kulturelle Hegemonie gewonnen habe. Es blieb aber immer auch offen, ob im Unterstrom nicht doch das nationale Identitätsbedürfnis den Verfassungspatriotismus aushöhlen und entkräften würde. Immerhin sind nicht ganz wenige ehemals Linke wie Martin Walser diesem Sog des romantisierenden Nationalismus zeitweise erlegen. Die Linksintelligenz ist kleiner, schwächer und überzeugungsärmer geworden. Die radikale bürgerliche Rechte spürt das und setzt darauf.

Was gibt ihr heute die meinungsprägende Macht in breiteren Schichten? Sie bietet ein Artikulationsreservoir für die Wut der Benachteiligten genauso wie für den Hochmut der Begüterten. Die soziale Frage ist bitter und konkret für den, der das Wettrennen um die guten Jobs und höheren Einkommen verloren hat. Jeder ist seines Glückes Schmied, predigten die Marktradikalen. Aber nicht jeder Schmied hat Glück, wissen die meisten. Die Ungleichheit hat zugenommen. Abenteuerlich hohe Renditen auf Kapital und obszönes Absahnen von Spitzenmanagern auch bei Misserfolg ihrer Unternehmen stehen seit Langem im Kontrast zu den stagnierenden oder sogar sinkenden Reallöhnen der unteren Mittelschicht. Aus dieser Klasse von Deklassierten stammt ein großer Teil des Zorns, den jeder Rechtspopulist, ob in Europa oder in den USA, instrumentalisiert. Eine Gesellschaft wachsender und verfestigter Ungleichheit ist gespalten, verunsichert und fortschrittsfeindlich. Sie ist anfällig für Statusangst, Ausgrenzung und Xenophobie im Inneren und für Abschottung nach außen. Immer schon war es die historische Strategie der Rechten, die Wut über soziale Ungerechtigkeit zum Hass auf Minderheiten zu machen. Nach dem Desaster der Finanzspekulanten und dem Verlust der kleinen Renten und Häuser der US-Mittelschichten trat Donald Trump an, um sich von den Betrogenen zum Präsidenten wählen zu lassen. Seine Sprache gegen Mexikaner und Muslime bedient die Rachefantasien der weißen Verlierer – ohne ihr Leben zu verbessern. Dieser Irrsinn hat Methode.

Es braucht überall weit mehr Kampfbereitschaft der demokratischen Linken, um dagegen anzukommen. Es braucht eine klare, eine eindeutige, eine erkennbare und grundsätzliche Politik der Gerechtigkeit, um ein wirksames Gegenmittel gegen das Gift des rücksichtslosen Chauvinismus zu finden. Es gibt keine Humanität ohne Solidarität. Deshalb ist eine Politik der gerechten Wohlstandschancen für die hart arbeitende Mitte der Gesellschaft – deshalb sind hohe Investitionen für die Arbeitsplätze der Mittelschichten, gute Löhne, anständige Renten, gerechte Steuern, bessere Schulen für die Kinder in den sozialen Brennpunkten ein lebensnotwendiger Impfstoff gegen den Rückfall in die Barbarei.

Im Moment der aggressiven Herausforderung unserer offen-demokratischen Republik wird die Frage lauter, wer sich der Gefahr entgegenstellt. »Die Mitte« reicht als Verortung für das demokratische Lager nicht mehr aus. Denn um die bürgerliche Mitte ist ja gerade der Kampf entbrannt. Ein Kampf um die Definitionsmacht, wofür diese Mitte steht, und ein Kampf darum, wer ihre Interessen repräsentiert. Nehmen wir es hin, dass die radikalen Rechten sich als »Lobby des Volkes« bezeichnen? Oder stehen wir zu den Arbeitnehmern und kleinen Selbstständigen – um mit Zuversicht und Mut eine bessere Zukunft zu gestalten? Wer sie vertritt und wer ihre Begriffe prägt, das ist die Auseinandersetzung, die wir führen. Wer also stellt sich der radikalen bürgerlichen Rechten entgegen, wenn das moderne Deutschland wie heute angegriffen wird?

Es bleibt zu hoffen, dass die Liberalen auf der Suche nach sich selbst nie wieder – wie im 19. Jahrhundert – aus Wirtschaftschauvinismus einem autoritären Nationalismus auf den Leim kriechen. Doch ganz unabhängig davon ist es unausweichlich, dass die demokratische Linke sich besinnt, ihren notorischen Missmut, ihre Eitelkeiten und Spaltungen überwindet.

Nicht kleinmütig, sondern überzeugt und couragiert gewinnen wir. In Europa müssen progressive Parteien und Bewegungen füreinander bündnisbereit und miteinander regierungsfähig sein. Auch in Deutschland. Ja, das fordert die Sozialdemokratie und alle ihre denkbaren Partner. Doch nicht weniger sind die Intellektuellen historisch gefordert, ihre gezierte und selbstverliebte Distanzierung von der ruppigen Welt der um Macht ringenden Parteiendemokratie abzulegen. Es ist offenbar nicht gerade sexy, sich mit aktenlesenden Parlamentariern gemeinzumachen, die um Kompromisse ringen. Aber diese liberale Demokratie wird von ihnen jeden Tag verteidigt, getragen und lebendig gehalten. Der Gegner der Demokratie steht rechts. Wo ist die intellektuelle Linke?

Donald Trump ist nun der gewählte Präsident der Vereinigten Staaten. Applaus für ihn kommt aus vielen Ecken. Autoritäre Bewegungen aus aller Herren Länder machen sich daran, ihn zum Helden einer neuen »Internationalen« zu stilisieren. Diese Bewegungen sind nationalistisch und pervertieren den Begriff der Solidarität. Trumps Wahlkampf ist Warnung und Weckruf zugleich. Der eigentliche Clash of Civilizations ist nicht »Christentum gegen Islam«, sondern die Selbstbehauptung der liberalen und sozialen Demokratien gegen die Neuvermessung unserer Gesellschaften durch autoritäre, nationalistische und chauvinistische Bewegungen.

Das Schüren von Ressentiments gegen Ausländer und Flüchtlinge ist für die Autoritären nur ein Lockmittel für verunsicherte Wähler. In Wahrheit geht es ihnen um die Abschaffung der Moderne. Dass Frauen arbeiten gehen, ohne sich dafür entschuldigen zu müssen; dass Chefs ihre Unternehmen nicht mehr nach Gutsherrenart führen; dass schwule Paare ohne Angst vor Repression durch unsere Straßen gehen – all das soll nicht mehr selbstverständlich sein. Präsident Trump wird sich im Amt sprachlich womöglich zivilisieren. Aber seine Anhänger werden von ihm die Einlösung seines Versprechens einfordern: Amerika zurück in die Zeit vor John F. Kennedy zu führen.

Die Autoritären machen sich zwei Dinge zunutze: die Enttäuschung vieler Menschen über die gewachsene soziale Ungleichheit und die immer stärker werdende Distanz zwischen der wirtschaftlichen und politischen Führung und den Bürgern. Wir erleben im Moment Entwicklungen, die sich auf gefährliche Weise ergänzen und verstärken: Auf der einen Seite wurde den Bürgern von den selbst ernannten Eliten in Wirtschaft(swissenschaft), Politik und Medien seit drei Jahrzehnten erzählt, dass die Anpassung an die Globalisierung alternativlos sei. Andererseits mussten sie erleben, wie die Gier wuchs und leistungsloser Reichtum die Spaltung der Gesellschaft vergrößerte. Wer nach den Ursachen der Entfremdung und des Elitenhasses sucht: Das sind sie.

Deutschland hat mit der neuen amerikanischen Regierung die Gespräche aufgenommen und wird die Partnerschaft mit der ältesten Demokratie der Welt natürlich nicht aufkündigen. Aber wir müssen aus dem erschreckend erfolgreichen Wahlkampf Trumps Konsequenzen ziehen. Denn er zeigt, wie wichtig es ist, sich auch heute um die Menschen zu kümmern, die den Eindruck haben, niemand in der Politik interessiere sich noch für ihr Leben. Die USA zeigen: Wer die Arbeiter im »Rust Belt« verliert, den können die Hipster in Kalifornien nicht mehr retten.

Es ist im Kern unsere Aufgabe als Sozialdemokraten, die Interessen der Arbeitnehmerschaft zu vertreten und dadurch die Demokratie zu stärken. Vor zehn Jahren waren es die Arbeiter Irlands, die gegen den europäischen Verfassungsvertrag stimmten. Als die Niederlande im April über das EU-Assoziierungsabkommen mit der Ukraine abstimmten, kam der Widerstand vor allem aus den Arbeitervierteln. Auch der Brexit stützte sich auf das Votum in der Arbeiterschaft in den Midlands.

Für zu viele hart arbeitende Menschen ist Europa kein Versprechen mehr, sondern ein abgehobenes Elitenprojekt. Sie haben das Gefühl, darin keine Rolle zu spielen. Trotz guter Ausbildung bekommen die eigenen Kinder nur Zeitarbeitsverträge. Nicht mehr Leistung zählt, sondern Beziehungen. Und war es für die Eltern noch selbstverständlich, sich die eigenen vier Wände leisten zu können, sind sie für die Kinder, die in die Städte ziehen, ein unerfüllbarer Traum.

Wer dieser Anpassung an die Globalisierung das Wort redet und sie als alternativlos darstellt, schadet der Demokratie. Nun haben wir in der Großen Koalition andere Schritte unternommen. Wir haben die soziale Ungleichheit in den Mittelpunkt der Politik der Bundesregierung gerückt. Durch den Mindestlohn, die Begrenzung von Leih- und Zeitarbeit, die Mietpreisbremse und höhere Investitionen in öffentliche Schulen – das sind die Bedürfnisse der arbeitenden Mitte, die wir nie aus dem Blick verlieren dürfen.

Aber noch viel zu viele arbeiten zu einem Lohn, von dem sie nicht leben können. Kinderarmut und Altersarmut wachsen. Familien finden in Großstädten keine bezahlbare Wohnung mehr, und in den Dörfern und ländlichen Regionen fühlen sich die Menschen vergessen, weil es weder Ärzte, Krankenhäuser, Schulen noch eine intakte Daseinsvorsorge mehr gibt. Gleichzeitig steigt der Reichtum in anderen Teilen unserer Gesellschaft und wir erleben einen neuen Feudalismus, wie es die Bundesarbeitsministerin Andrea Nahles zu Recht nennt. Die Reichen bleiben unter sich. Wer den Rechtsradikalen und Rechtspopulisten den Boden entziehen will, der muss das ändern.

Sie wollen uns Angst machen, wir sollten mit Entschlossenheit und Zuversicht antworten. Sie wollen uns ein anderes Leben aufzwingen, wir sollten umso klarer zu unseren Werten stehen. Wir müssen den Solidarpakt erneuern, der uns verbindet und diese Gesellschaft zusammenhält. Die Rechten wollen uns spalten, wir sollten zusammenstehen. Das demokratische Deutschland ist stark.

DIE FREUNDLICHE GESELLSCHAFT

Die Welt verändert sich – und sie wartet damit nicht mehr die lange Dauer früherer Wandlungen ab. Was in der Geschichte, wie wir sie aus den Schulbüchern kennen, ein Jahrhundert in Anspruch nahm oder sich mindestens im Wechsel der Generationen vollzog, das passiert heute in wenigen Jahren. Angesichts der offensichtlichen Verunsicherung und Orientierungssuche, die nahezu alle Nationen der westlichen Wertegemeinschaft, die insbesondere Europa, aber auch unser eigenes Land erfasst hat, ist es unausweichlich, eine grundsätzliche Frage erneut zu stellen: Wie wollen wir zusammenleben? Welche Art von Gesellschaft streben wir an? Nicht nur national, sondern international, denn die Gesellschaften sind keine Inseln mehr, sondern kommunizieren miteinander und reagieren aufeinander. Und wie unterscheidet sich dieses Gesellschaftsbild von der gegenwärtigen Lage?

Seit mehr als 25 Jahren hat das kulturelle und wirtschaftspolitische Programm des Neoliberalismus den möglichst gering regulierten – »entfesselten« – Wettbewerb in den Mittelpunkt der Politik und der kulturellen Kommunikation gestellt. Entscheidend war der geforderte systematische Übergang von einer Wettbewerbswirtschaft zur Wettbewerbsgesellschaft. Dieses Leitbild beeinflusste mit nahezu globaler Reichweite die hoch entwickelten Volkswirtschaften ebenso wie die Schwellen- und Entwicklungsländer. Es durchdrang die internationalen Organisationen, war Blaupause für zahllose Handelsabkommen, wurde den Empfängern von Entwicklungshilfe vorgegeben und prägte das Verständnis der Globalisierung. Befürworter wie Gegner dieser Politik identifizierten die Globalisierung mit einer radikalen Herrschaft des Marktes. Eine fatale Entwicklung, weil der große Wert der internationalen Solidarität in seiner Glaubwürdigkeit beschädigt wurde. Wer international dachte und handelte, setzte sich automatisch dem Verdacht aus, neoliberal zu denken und zu handeln. Wettbewerb wurde zur absolut vorherrschenden Motivationsstrategie für Leistung und Wettbewerbsfähigkeit zu ihrem entscheidenden Beurteilungskriterium. Jedwede Leistung – auch im Bereich der öffentlichen Güter in Bildung, Kultur, Gesundheit, Wohnen – wurde zur Ware, die analog zur Wirtschaft ihren Wert durch ihren Erfolg am Markt belegt (z. B. die Zahl der sich bewerbenden Schüler oder Studierenden bei Schulen oder Hochschulen oder der Erwerb von kompetitiv erworbenen Drittmitteln als ausschlaggebendes Qualitätsmerkmal von Universitäten, ökonomische Effizienz als Qualitätsmerkmal von Krankenhäusern).

Inzwischen sind die destruktiven Folgen dieser manischen Kultur des Wettbewerbs in Bezug auf das Gemeinwohl, die Bildung oder Gesundheit in vielen Ländern offenkundig. In ärmeren Ländern in Lateinamerika, Afrika und Asien verschärften sich noch die Gegensätze zwischen der dünnen Schicht privilegierter Eliten und der grassierenden Armut breiter Bevölkerungsteile. Diese brutale Klassengesellschaft ging oft mit polizeistaatlicher Unterdrückung einher. Gewalt bis hin zum Bürgerkrieg löste die ohnehin schwachen zivilgesellschaftlichen Bindekräfte auf. Der Übergang von der Wettbewerbswirtschaft zur Wettbewerbsgesellschaft hat – wie zu erwarten war – eine Kultur der Gegnerschaft zwischen den Menschen als Wettbewerbern geschaffen, verbunden mit der Angst vorm Verlieren und vor dem Abstieg, der Unterminierung von Hilfsbereitschaft und von Solidarität. Sie ist mitverantwortlich dafür, dass sich viele Menschen, auch wenn sie gegenwärtig materiell nicht schlecht gestellt sind, »abgehängt« fühlen, denn Abstieg und Verlust drohen allenthalben.

Diese Kultur der Wettbewerbsmanie hat einen Boden der Angst und der Menschenfeindlichkeit bereitet, der Sündenbock-Strategien und Ressentiments sprießen lässt und der politischen Rechten in die Hände spielt.

Wenn wir in einer Welt leben wollen, die der Ausgrenzung, dem Hass und der Gewalt Einhalt gebietet, wenn wir inneren und äußeren Frieden stärken wollen, dann brauchen wir einen radikalen Wechsel. Es geht dabei nicht nur um handfeste Verbesserungen für benachteiligte und existenziell verunsicherte Menschen, die es angesichts der Kluft zwischen Arm und Reich bis weit in die Mittelschicht hinein gibt. Es geht ganz grundsätzlich um ein neues Denken und ein neues Leitbild der Globalisierung. Es geht darum, die Bedingungen dafür zu schaffen, dass aus einer Wettbewerbsgesellschaft, in der jeder gegen jeden steht und jeder jedem misstraut, eine freundliche Gesellschaft werden kann.

Seit der Jahrtausendwende hat sich ein wachsendes Unbehagen darüber breitgemacht, in welchem Zustand die Menschheit das 21. Jahrhundert beginnt. Nach dem Ende des Kalten Krieges mit dem Fall der Mauer und dem scheinbaren Siegeszug der Demokratie gab es einen historischen Moment der Hoffnung. Nicht nur wir Deutschen empfanden das Glück der friedlichen Revolution und der Einigung des Landes. Die neue Freiheit führte auch die jungen osteuropäischen Demokratien aus der bedrückenden und perspektivlosen Existenz als unterjochte Ostblockstaaten heraus. Das vereinigte Europa erfuhr durch die Osterweiterung seine wohl größte politische Bestätigung und Stärkung. Hoffnung gab es auch in Euro-

pas Nachbarschaft. Zwischen Israel und den Palästinensern fanden endlich ernsthafte Friedensgespräche
zur Lösung des Nahostkonfliktes statt. Doch das vor-
eilig gemachte Versprechen vom guten »Ende der Geschichte« täuschte.

Die Rückkehr von Nationalismus, ethnischer Verfolgung und Krieg im zerfallenden Jugoslawien, eine
neue Welle des Selbstmordterrorismus mit zahllo-
sen zivilen Opfern nicht nur im Nahen Osten, religiöser Fanatismus, Einschüchterung und Bedrohung
liberaler Intellektueller – es zeigte sich, dass auch die
ältesten Dämonen nicht besiegt sind. Hartgesottene
Konservative mögen darauf mit dem kühlen Verweis reagieren, dass der Mensch dem Menschen eben
ein Wolf ist und die zivilisierende Kraft des Fortschritts eine Illusion. Doch die allermeisten sehen
sich um etwas sehr Wertvolles betrogen, den Glauben an die Überwindbarkeit von Gewalt und Erniedrigung. Denn nur wenige Menschen sind dazu bereit,
die feindselige Gesellschaft als unentrinnbar hinzu-
nehmen.

Kein Zufall ist es, dass diese Jahre der bitteren Enttäuschung geprägt waren vom zynischen Motto, es
gebe gar keine Gesellschaft, sondern nur Individuen.
Dieses Bonmot aus der Ära der konservativen briti-
schen Premierministerin Margaret Thatcher, das die
Zerstörung der Gewerkschaften und den Angriff auf
den Sozialstaat begleitete, klang wie eine Übersetzung

des Kampfes aller gegen alle in die Sprache der Wirtschaft. Die Ideologie des absolut gesetzten Marktes, die in den entwickelten westlichen Industrienationen die sozialen Beziehungen der Sorge und Solidarität schwächte, führte in den postkommunistischen Ländern zu einer geradezu traumatischen Katastrophe. Rücksichtslose Selbstbereicherung und Verachtung von Schwächeren wurden die tonangebenden Leitbilder. Unter dem Mantel der Marktwirtschaft grassierten harte rechte Gesinnungen, die mehr mit Sozialdarwinismus als mit Wettbewerb zu tun haben. Nicht nur der Nationalismus, auch der brutale Kapitalismus – und manches Mal eine Verbindung aus beidem – hat das Vertrauen in die Geltung der Menschenwürde zerstört. In Deutschland waren die Wirkungen weniger verheerend als anderswo, doch gibt es auch hierzulande eine Entwicklung von der Ideologie der entfesselten Marktgesellschaft, wie sie der damalige BDI-Präsident Hans-Olaf Henkel mit harter Rhetorik propagierte, hin zu dem national-egoistischen Wirtschaftschauvinismus der AfD, zu deren Mitgründern Henkel nicht zufällig gehörte. Eine solche Gesellschaft, die ihre sozialen Bindungen nicht mehr achtet und pflegt, sondern im Gegenteil alle Beziehungen, die keinem Nützlichkeitskalkül folgen, als dummes Gutmenschentum verhöhnt, eine solche Gesellschaft erklärt das Misstrauen und die Feindseligkeit zum Prinzip. Sie schafft eine Kultur der

Gegnerschaft zwischen den Menschen, die über die Wirtschaft weit hinaus in Erziehung und Bildung einsickert, sich von den Eltern auf die Kinder überträgt, Loyalität und Mut im Privaten unterminiert und auch hier das Vertrauen kaputtmacht.

Dennoch gibt es, und das vermutlich überall, eine Mehrheit, die darin keine Zukunft für sich und ihre Kinder sehen will. Der Wunsch nach einem anderen Weg ist wach geblieben und wächst wieder und ebenso die Erwartung, dass es Menschen gibt, die für eine andere Gesellschaft politisch eintreten. Im Mitbürger nicht den Fremden, im Nachbarn nicht den Feind und im Kollegen nicht den Konkurrenten zu sehen, sondern einen Menschen, der zu Kooperation, Hilfsbereitschaft und Solidarität bereit ist, öffnet den Blick für die Möglichkeit dieser anderen Gesellschaft. Es ist die freundliche Gesellschaft, in der eine solidarische Mehrheit leben will.

Die Sozialdemokratie sieht zurück auf Vorbilder und Vordenker dieses besseren Zusammenlebens. Das beginnt nicht erst mit Willy Brandt, der einen Ausgang aus den Schrecken der deutschen Geschichte im 20. Jahrhundert suchte und die Deutschen ermutigte, ein Volk guter Nachbarn im Inneren wie nach außen zu werden. Er erinnerte an einen sperrigen, aber wichtigen Begriff, den der »Compassion«, die Fähigkeit, das Leben anderer Menschen durch deren Augen zu sehen. Die Empathie also, den

Mitmenschen in der eigenen Gesellschaft ebenso wie in anderen Ländern in seinen Bedürfnissen verstehen zu lernen. Verstehen als Voraussetzung für politische Verständigung war Brandts zentrale Haltung, um den Frieden über die Abwesenheit von Krieg hinaus fester und nachhaltiger in den internationalen Beziehungen zu verwurzeln.

Doch die Idee der freundlichen Gesellschaft geht weiter zurück in die Geschichte. Die früheren Sozialisten, Eduard Bernstein zum Beispiel, haben über den kulturellen Charakter einer sozialistischen Gesellschaft nachgedacht, nicht nur über Gerechtigkeit für jedes Individuum. Es ist kein Zufall, dass in früheren Zeiten Sozialdemokratinnen und Sozialdemokraten ihre Briefe mit dem Gruß »Freundschaft« unterschrieben. Man muss den Ernst dieser Geste neu erklären. Es war die beständige Erinnerung an das größere humanistische Ziel aller sozialen Reform, das darin lag, die Gesellschaft von dem allgegenwärtigen kapitalistischen Verwertungsinteresse zu befreien, das Menschen zu Produktionsmitteln herabdrückte. Nicht nur ein paar Gesetze sollten sich ändern. Der kulturelle Charakter der Gesellschaft sollte sich zu einer menschenwürdigen Zivilisation entwickeln. Die erstrebte Freundschaftlichkeit wollte in den sozialen Verhältnissen verwirklichen, was eine fundamentale Voraussetzung jeder aufrichtigen Freundschaft ist: dass die Menschen sich gleich und ebenbürtig begegnen. Freundschaft erträgt weder hochmütigen Befehl noch unterwürfigen Gehorsam. Der Internationalismus der Arbeiterbewegung übertrug in seinem Ideal diesen Grundsatz der Gleichheit auf die Beziehungen zwischen den Nationen und Staaten. Der Imperialismus sollte überwunden werden, der im Gegenteil das Prinzip der Ausbeutung und Unterwerfung im Verhältnis zwischen den sozialen Klassen auch auf das Verhältnis zwischen Ländern und Kontinenten anwandte. Und mit dem Imperialismus sollte der Krieg verschwinden.

Den Übergang von der Wettbewerbs- zur freundlichen Gesellschaft zu schaffen, ist keine Vision, die sich auf Deutschland beschränkt. Seien wir ehrlich: Fast kein politisches Gemeinwesen unserer Zeit definiert sich so stark über auf wirtschaftlichem Erfolg beruhender Durchsetzungsstärke wie die Europäische Union. Während die politische Union noch immer in den Anfängen steckt und der soziale Ausgleich weitgehend ausgeklammert wurde, haben sich in den vergangenen zwei Jahrzehnten große Anstrengungen der EU-Mitglieder darauf konzentriert, die Legitimität der EU aus marktkonformen Leistungssteigerungen abzuleiten. Diese Methode ist an ihr Ende gekommen.

Wenn es den Staaten der EU aber nicht gelingt, aus der Union des Marktes eine Union der Menschen zu machen, wird sie auf Dauer nicht das Maß an Unterstützung ihrer Bürger bekommen, das sie braucht, um in der Welt des 21. Jahrhunderts zu bestehen. Europa wird in der Welt nicht geachtet, weil hier der Kapitalismus besonders radikal ausgeprägt ist. Natürlich brauchen wir eine leistungsstarke, zukunftsgerichtete Wirtschaft, die unseren Wohlstand sichert. Aber ebenso wichtig ist es, unsere »Soft Power« zu wahren und zu mehren: als einzigartiges Zivilisations- und Friedensprojekt, das auf einem hart erarbeiteten Gerüst gemeinsamer Werte fußt und seine Leistungsfähigkeit durch Teilhabe aller Bürgerinnen und Bürger garantiert.

Die Erinnerung daran ist wichtig. Denn sie greift auf, was heute fast vergessen scheint und trotzdem eines der stärksten menschlichen Bedürfnisse ist: nicht bloß Instrument zu sein und auch andere nicht nur instrumentell zu materiellen Zwecken zu benutzen. Nicht nur leistungs- und überlebensfähig zu sein in einer täglich, ja stündlich um Dominanz ringenden Marktgesellschaft, sondern gesellschaftsfähig zu werden in dem Sinne, seine persönliche Freiheit in guten sozialen Beziehungen zu anderen zu verwirklichen.

Eine Gesellschaft zu erreichen und zum Maßstab internationaler Politik zu machen, die mit ihren Institutionen das Wohlwollen und den Respekt der Menschen untereinander nicht bestraft, sondern achtet, das bleibt die große Reform, die diesen Namen wirklich verdient. Niemand kann Glück politisch garantieren. Aber wir können eine neue Gesellschaft schaffen, in der Freundschaft möglich ist und weder am Betriebstor noch an nationalen oder religiösen Grenzen haltmacht.

Das Ziel, wieder in einer »freundlichen Gesellschaft« zu leben, ist eine gute Alternative zu der viel zu lange als »alternativlos« bezeichneten Wettbewerbsgesellschaft. Diese so verheerende Idee hat nicht zufällig die Menschen einander entfremdet und entsolidarisiert, sondern es ganz bewusst getan. Nicht, dass man auf Wettbewerb verzichten kann. Aber in einer sozial gebändigten Wettbewerbswirtschaft und nicht als Leitprinzip der gesamten Gesellschaft.

Die Idee einer freundlichen und wohlgesonnenen Gesellschaft ist das Gegenteil einer Ellenbogengesellschaft. Sie weist auf die menschlichen Eigenschaften hin, die uns allen vertraut und erstrebenswert sind. Von der (Mit-)Menschlichkeit, dem Gemeinsinn, dem Respekt vor anderen bis hin zur christlichen Nächstenliebe. Es ist kein Zufall, dass in der Geschichte demokratischer Politik und der dazugehörigen politischen Kultur der Gedanke der Freundschaft spätestens seit der griechischen Antike eine zentrale Rolle spielt. Freundschaft ist ganz fundamental dafür, dass ein Leben als sinnvoll und lebenswert empfunden werden kann. »Denn ohne Freunde möchte niemand leben, auch wenn er die übrigen

Güter alle zusammen besäße« (Aristoteles, Nikoma-chische Ethik, Buch VIII). Ein Leben ohne Freund-schaft ist leer.

Wir alle wissen: So ist unsere Gesellschaft heute nicht, und so funktioniert auch die Globalisierung nicht. Natürlich sind beide – die Wettbewerbsgesellschaft und die freundliche Gesellschaft – Idealtypen. Auch in der Wettbewerbsgesellschaft gibt es Freundlich-keit, auch in einer freundlichen Gesellschaft gibt es Konkurrenz und Konflikte. Aber gesellschaftliche Verhältnisse schaffen zu wollen, in der wieder *mehr* Menschlichkeit, Respekt, Hilfsbereitschaft, Solidari-tät, Offenheit, Neugier auf andere und Freundlichkeit gedeihen können, das würde uns endlich wieder ein Ziel für das Zusammenleben setzen, für das es sich politisch zu arbeiten lohnt, in Deutschland, in Europa und darüber hinaus.